В
1
4
10
11
22
38

URSULA MUSCHELER

Das rote Bauhaus

Eine Geschichte von Hoffnung und Scheitern

BERENBERG

»Wer in den Ländern der westlichen Welt den Blick nach dem Osten erhebt, um den roten Feuerschein einer geistigen Revolution zu betrachten, der muss sich schon die Mühe nehmen, ihn selbst an den Horizont zu malen. Viele tun es. Sie sind weniger Revolutionäre als Romantiker der Revolution.«

Joseph Roth

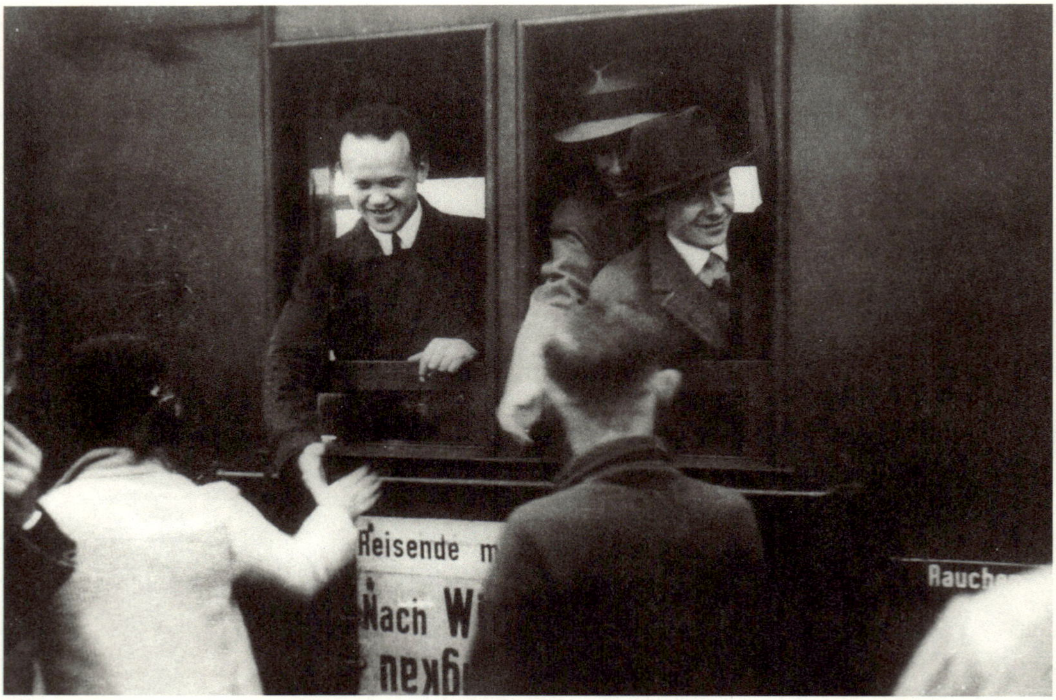

Verabschiedung von Mitgliedern der Gruppe Meyer, September 1930.
Am Zugfenster: Bela Scheffler, Tibor Weiner und Antonin Urban

Prolog

Architekten haben schon immer eine erstaunliche Mobilität bewiesen und ihr Land häufig auf Zeit oder für immer verlassen. Sie folgten – die Sprache der Bauzeichnung ist weltweit verständlich – dem Gebot der Not, der Verlockung ferner Abenteuer oder dem Ruf eines mächtigen Bauherrn. Als Andreas Schlüter nach dem Debakel einer fehlerhaften Fundamentierung des Berliner Münzturms am preußischen Hof in Ungnade gefallen war, kam er der Aufforderung Peters des Großen gerne nach, in Russland die neue Hauptstadt zu bauen. Als Gottfried Semper nach seiner Beteiligung am Dresdner Barrikadenbau 1848 steckbrieflich gesucht wurde, verließ er, um Leben und Freiheit zu retten, die Heimat. Er ging, ein Weltbürger wider Willen, ins Exil nach Frankreich, England, schließlich in die Schweiz.

Zur Massenerscheinung wurde die Architekten-Wanderung jedoch erst im 20. Jahrhundert. Als politisch Verfolgte flohen sie 1917 vor den Bolschewiki aus Russland, 1933 vor den Nationalsozialisten aus Deutschland, 1937 vor Francos Schergen aus Spanien. Als Wirtschaftsflüchtlinge verließen sie Anfang der 1930er Jahre Deutschland infolge entmutigender Arbeitslosigkeit. Sie gingen in alle Welt, vor allem aber in die Sowjetunion, die mit guter Bezahlung und den Großprojekten des Fünfjahresplans lockte. Einige kamen, nur um Arbeit zu finden, andere, enttäuscht vom krisengeschüttelten Kapitalismus, um gläubig und hoffnungsfroh am sozialistischen Aufbau mitzuwirken.

Zu den »Russlandfahrern« gehörten bekannte Architekten wie Ernst May und Bruno Taut, die sich im Sozialen Wohnungsbau in Frankfurt und Berlin bewährt hatten. Unter ihnen befanden sich aber auch sieben begeisterungsfähige Jungarchitekten, die am Bauhaus unter Hannes Meyer studierten und diesem nach Moskau folgten, als er wegen angeblich linker Umtriebe vom Dessauer Magistrat seines Postens als Direktor enthoben wurde. Sie nannten sich »Bauhaus-Stoßbrigade Rot Front«, sowohl um ihre Herkunft als auch ihre rote Gesinnung und große Leistungsbereitschaft zu dokumentieren. Die Stoßbrigade war eine bunt gemischte Truppe und bestand aus dem Weißrussen Bela Scheffler, dem Schweizer René Mensch, den Ungarn Antonin Urban und Tibor Weiner und den Deutschen Philipp Tolziner, Konrad Püschel und Klaus Meumann.

Die Russlandfahrer waren ausnahmslos Protagonisten des Neuen Bauens, das im Westen von konservativen und rechtsnationalen Kreisen als »bolschewistisch« verunglimpft wurde, und hofften, im Osten, im Land der Bolschewiki endlich nach ihren Vorstellungen bauen zu können. Sie ahnten nicht, dass Stalin das Neue Bauen bereits nach wenigen Jahren als kapitalistische Verfallserscheinung anprangern und sie selbst aller materiellen Privilegien berauben und zu unerwünschten Ausländern, Spionen und Saboteuren erklären lassen sollte.

Einige verließen daraufhin enttäuscht die Sowjetunion und kehrten entweder ins nationalsozialistische Deutschland zurück oder wanderten, da sie als Kommunisten oder Juden mit Verfolgung oder als bekannte Vertreter des Neuen Bauens mit Restriktionen rechnen mussten, weiter in andere Länder. Einige blieben, gründeten Familien, nahmen, die Augen fest auf den zukünftigen sozialistischen Fortschritt gerichtet, die sowjetische Staatsbürgerschaft an und hofften, eine neue Heimat gefunden zu haben. Ihre Hoffnung erfüllte sich nicht. Viele von ihnen endeten mitsamt ihren Angehörigen als Opfer der Stalinschen Höllenmaschinerie im Massengrab oder im Archipel GULag.

Von Leben und Schicksal einiger dieser Russlandfahrer handelt die folgende Geschichte. Sie erzählt, anhand von Briefen, Fremd- und Selbstauskünften der Protagonisten, von Migration und Flucht, von Überleben und Tod, von Hoffnung und Scheitern. Im Mittelpunkt stehen die Mitglieder der Brigade Rot Front und ihr Bauhauslehrer Hannes Meyer. Um sie herum gruppieren sich Mitstreiter und Konkurrenten, Freunde und Feinde. Nicht die bekannten Architekten sind die eigentlichen Helden dieser Erzählung, sondern diejenigen, die, bis heute weitgehend unbekannt, ihr Leben für ihre Überzeugungen einsetzten.

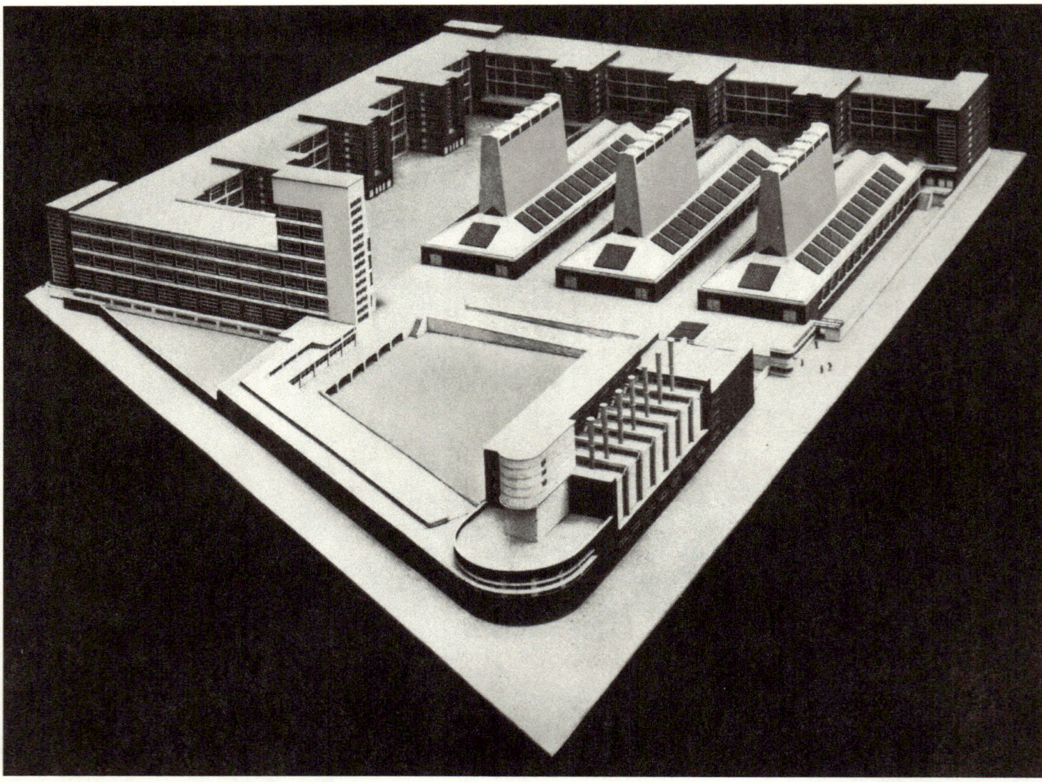

Erich Mendelsohn; Textilfabrik in Krasnoje Snamja, Modell 1926.

1926–30 / Vorhut

»Der Bau begonnen und – verschandelt«, klagte Erich Mendelsohn seiner Frau, als er im Juli 1926 in Leningrad sah, was aus seinem Entwurf einer Textilfabrik nach zahllosen Änderungen geworden war. Die Sowjets wollten den Westen einholen, vertrauten aber schlechten Kopisten. Sie machten gründliche Revolution, erstickten aber in noch gründlicherer Verwaltung. »Man sieht nach Amerika, aber man bleibt im Vorort von Königsberg.«[1]

Mendelsohn versuchte zu retten, was zu retten war, doch er stand auf verlorenem Posten. Von Anfang an wurde er von den sowjetischen Kollegen angefeindet. Kaum hatten sie von seiner Beauftragung durch den Leningrader Textiltrust erfahren, setzten sie eine Pressekampagne in Gang, die vor persönlicher Verunglimpfung nicht haltmachte. Ausländer, so schrieben sie, seien weder vertraut mit dem sowjetischen System noch mit den lokalen Bedingungen. Außerdem sei das künstlerische Niveau der russischen Baukunst ebenso hoch wie das des Westens. Noch fehlendes technisches Wissen könne man sich leicht über Dienstreisen beschaffen. Auch sei am Entwurf der Textilfabrik einiges zu bemängeln: die unzureichenden Fundamente, der Überfluss an Treppen und Toiletten, die verspielten Formen, die an Überseedampfer denken ließen. Überhaupt sei das ganze Projekt ein Produkt dekadenter Architektenphantasie, und Mendelsohn, der die unglaubliche Summe von 20 000 Dollar Honorar bekommen habe, ein bloßer Geschäftemacher.

Die Vorwürfe wurden immer dreister. Nur wenige russische Kollegen wie Alexander Pasternak, der Bruder des Schriftstellers und Vertreter der Moskauer Konstruktivisten, nahmen Mendelsohn in Schutz. Sein Auftraggeber, der Leningrader Textiltrust, stellte sich nur zögerlich hinter ihn, als er erklärte, dass die Überprüfung der Bauarbeiten durch eine Kommission zu keinen Beanstandungen geführt habe. So ging die Kampagne munter weiter, bis Mendelsohn entnervt die Leitung des Projekts an den Trust zurückgab. Die Textilfabrik wurde erst zehn Jahre später und in stark veränderter Form fertiggestellt.

Anfang Oktober 1928 näherte sich mit Le Corbusier ein weiterer Großmeister des Neuen Bauens der russischen Grenze. Er hatte als einer von 3 ausländischen und 32 russischen Architekten am Wettbewerb für das Verwaltungsgebäude des Zentralverbands der sowjetischen Konsumgenossenschaften, Zentrosojus, teilgenommen und gewonnen; nun hoffte er auf den entsprechenden Auftrag. Seine Mutter wünschte ihm brieflich Glück und dass die Russen intelligent und allem Neuen gegenüber aufgeschlossen genug seien, um seine Ideen zu schätzen. »Soi prudent dans tes paroles«, mahnte die Mutter, der das Land der Bolschewiki nicht ganz geheuer schien, »Sei vorsichtig in Deiner Wortwahl, mach keine Politik, bleibe ein Künstler, der einzig und allein über seine Kunst reden will.«[2] Der aufmerksame Sohn schickte ihr, wohl zur Beruhigung, eine Postkarte, hochachtungsvoll unterschrieben von einigen der besten russischen Architekten: »Madame, die Moskauer Architekten senden der Mutter des größten Architekten der Welt ihre respektvollen Grüße.«[3]

Le Corbusier bekam den Auftrag und betraute die jungen russischen Kollegen Nikolaj Koll und Andrej Burow mit der Ausführung vor Ort, doch auch ihm blieb Kummer nicht erspart. Der weitere Verlauf des Baugeschehens zeigte, dass selbst der größte Architekt der Welt nicht verhindern konnte, dass sein Entwurf, ohne die Entscheidung mit ihm abzustimmen, mehrfach abgeändert und die Bauausführung für einige Jahre eingestellt wurden.

Im März 1930 reiste Le Corbusier erneut nach Moskau. Er sollte als Gutachter beim Wettbewerb »Grüne Stadt« tätig werden, lehnte aber eine Beurteilung der eingereichten Projekte ab. Stattdessen legte er einen eigenen Entwurf zur Umgestaltung Moskaus vor, der den gleichen Prinzipien folgte, die er schon für Paris propagiert hatte: Die bestehende Bebauung sollte unter Beibehaltung einiger wichtiger Bauten wie Kreml, Basilius-Kathedrale und Lenin-Mausoleum durch ein Netz gläserner Hochhäuser in einem großen Park ersetzt, die Stadt autogerecht ausgebaut und in Nutzungszonen aufgeteilt werden. Die Wohnhäuser enthielten, da Le Corbusier Kommunehäuser ablehnte, abgeschlossene Einzelwohnungen mit 15 Quadratmetern Wohnfläche pro Person, ergänzt durch gemeinschaftliche Einrichtungen wie Restaurant, Kindergarten, Wäscherei und kleine Läden.

Das Zentralkomitee lehnte die Vorschläge zwar als kleinbürgerlich ab, Le Corbusier aber gab die Hoffnung nicht auf, doch noch den Umbau Moskaus, eine der größten Bauaufgaben der Zeit, entscheidend beeinflussen zu können. Das bolschewistische Projekt »Sowjetunion« faszinierte ihn, im neuen Moskau sah er den »Embryo einer neuen Welt«. Die Entwicklung des Landes erschien ihm wie eine zauberische Geschichte aus Tausendundeiner Nacht, die von lauter Superlativen erzählte und ihn magisch anzog: Die Traktorenfabriken waren die größten der Welt, die neuen Städte wuchsen in kürzester Zeit aus dem Nichts. Überall Optimismus und Jugendlichkeit, Ideen und Tatkraft, überall radikale Entwürfe und Projekte, die auf eine neue Gesellschaft und einen neuen Menschen zielten. Tief im Inneren scheint Le Corbusier allerdings nicht so recht an das Märchen geglaubt zu haben, denn er warnte schon früh vor Gefahren: »Man muss sich in Moskau (genau wie überall!) vor dem Auftauchen eines Akademismus der neuen Zeit hüten!«[4]

Neben den beiden großen Meistern des Neuen Bauens besuchten auch einige Bauhäusler Moskau auf eigene Faust, um mit den fortschrittlichen Kräften der WCHUTEMAS, der Höheren Künstlerisch-Technischen Werkstätten, Kontakt aufzunehmen. 1928 kam Gunta Stölzl, Leiterin der Weberei, mit den jungen Architekten Arieh Scharon und Peer Bücking auf Einladung der russischen Studenten, die sich im Jahr zuvor als Gäste am Dessauer Bauhaus aufgehalten hatten. Ein Jahr später reiste der Jungmeister Hinnerk Scheper mit Frau Lou nach Moskau. Er war vom *Maljarstroj*, dem Trust für Wandmalerei des Obersten Volkswirtschaftsrates, als Berater für farb- und maltechnische Fragen für ein Jahr unter Vertrag genommen worden. Scheper ging, wenngleich erschreckt von der Größe der ihm gestellten Aufgabe, beherzt ans Werk und erreichte, »dass eine kleine Gruppe von Malern heute schon fähig ist, nach festen Angaben eine qualitativ weit bessere Arbeit zu leisten, als man bis jetzt hier kennt.«[5] Um auch das in seinen Augen mangelnde Bewusstsein der Sowjetrussen für die Bedeutung formaler Fragen zu heben, forderte Scheper in der *Moskauer Rundschau*, Normierung und Geschmacksausbildung allgemein voranzutreiben, damit die Bewohner der neu ausgemalten Wohnungen nicht mit ihren viel zu großen Möbeln und ihrem Plüschzauber, ihren Heiligenbildern und tausend Nutzlosigkeiten die gewonnene Klarheit und Heiterkeit wieder zunichte machten, denn keineswegs war der Arbeiter, wie erhofft, frei von kleinbürgerlichen Geschmacksvorurteilen.

Als Scheper nach Ablauf des Vertrages das Angebot erhielt, unbefristet in Moskau zu bleiben, schlug er vor, den Vertrag vorerst nur für sieben Monate zu verlängern, und fuhr mit Lou nach Berchtesgaden, wo ihre Kinder während ihrer Abwesenheit in einem Kinderheim untergebracht waren. Ende Oktober kehrte Scheper nach Moskau zurück und wurde Leiter der Kontrollkommission für Farbgestaltung, was bald zu Konflikten mit den beauftragten russischen Architekten und Künstlern führte.

Die Durchsetzung des Farbplans für das Kammertheater Moskau, so schrieb er Lou, die bei den Kindern geblieben war, werde wahrscheinlich einen harten Kampf kosten. Eine Verständigung mit den beauftragten Architekten und Künstlern sei kaum möglich. Die Leitung von *Maljarstroj* gehe ebenfalls zunehmend auf Konfrontationskurs, er müsse sich auch hier auf eine energische Gegnerschaft einstellen. Bald zeigten sich seine beruflichen Aussichten in einem so unerfreulichen Licht, dass er, als seine weitere Mitarbeit am Bauhaus gesichert schien, wenige Monate später der Sowjetunion endgültig den Rücken kehrte. Bestärkt haben mag den jungen Familienvater in seinem Beschluss, dass die zunehmend schlechtere Lebensmittelversorgung ein Zusammenleben mit den Kindern in Moskau nicht ratsam erscheinen ließ.

Wie sehr der Lebensstandard in der Sowjetunion infolge der gewaltsamen Kollektivierung der Landwirtschaft und der schlechten Ernte 1929 sank, schildert Ernst Derendinger, ein Schweizer Grafiker, der, bereits ins zaristische Russland ausgewandert, nach der Revolution in Moskau geblieben war und das Leben der Russen lebte, recht anschaulich. Damals seien wieder Brotkarten eingeführt worden und vor den Geschäften hätten sich Schlangen gebildet. In Moskau habe es, da sich hier viele Ausländer aufhielten, zwar noch genügend Brot gegeben, auch wenn es kaum mehr genießbar gewesen sei, in den Provinzstädten aber habe man schon wieder gehungert. Auf den Märkten habe man von den Bauern noch alles Notwendige kaufen können, doch nur in kleinen Mengen und zu Preisen, die den Massen fast unerschwinglich waren. Den Bauern sei fast alles genommen worden, um es zu exportieren.

Neben den Brotkarten seien bald auch Karten für Zucker, Tee, Seife, Fleisch, Milchprodukte und Kartoffeln ausgegeben worden. Ein Arbeiter habe nur noch Anspruch auf 600 Gramm Brot pro Tag gehabt, auf 200 Gramm Fett, einen Liter Pflanzenöl und ein Kilogramm Zucker pro Monat. Brennmaterial sei rationiert und das gesetzlich festgelegte Temperaturminimum von 12,8 auf 8,9 °C herabgesetzt worden. An allen Ecken und Enden hätten Mangel und Elend geherrscht, und niemand habe mehr die Früchte seiner Arbeit gesehen. »Nirgends sah man mehr ein frohes, hoffnungsvolles oder sogar lachendes Gesicht, alle Arbeitenden und ihre Angehörigen waren jetzt sichtlich deprimiert, denn alle standen wieder sozusagen vor dem Nichts. Und selbst die feurigste und hoffnungsvollste Propaganda vermochte sie jetzt nicht mehr aus dieser gedrückten Stimmung herauszureißen, denn sie wussten alle, dass sie persönlich von diesem Riesenprogramm kaum etwas mehr als schwere Arbeit gegen elenden Lohn und Fraß zu erwarten hatten.«[6]

Im Sommer 1930 sei die Lage noch schlechter geworden. Die staatlichen Lebensmittel- und Kleidergeschäfte – private habe es schon lange nicht mehr gegeben – seien fast vollständig geleert worden, wohl um die Waren zu exportieren und mit dem Geld die Projekte des ersten Fünfjahresplans zu finanzieren oder sie für die höheren Genossen vorzuhalten. Nur Schnaps, auf dem hohe Steuern lagen, habe man noch in beliebigen Quantitäten kaufen können. Selbst in Moskau hätten sich Ohnmachtsanfälle in den Betrieben gehäuft, und die Kinder hätten bleiche, wachsgelbe Gesichter bekommen. Doch entgegen der trostlosen Lage sei in den kommunistischen Zeitungen des Auslands das gute Leben in der Sowjetunion über alles gelobt worden. Deutsche Arbeiter hätten, so habe es geheißen, aus der Sowjetunion nach Hause geschrieben, wie gut es ihnen ginge und wie viel sie zu essen bekämen. Alles stimmte, so Derendinger, nichts war gelogen, nur einiges verschwiegen, dass nämlich die Russen sich in dieser Zeit mit dem denkbar schlechtesten »Fraß« begnügen mussten.

VERLAG ENGLERT UND SCHLOSSER IN FRANKFURT AM MAIN
9
DEUTSCHE BAUEN
IN DER UdSSR
DAS NEUE FRANKFURT
INTERNATIONALE MONATSSCHRIFT FÜR DIE PROBLEME
R NEUGESTALTUNG
V. JAHRGANG · SEPTEMBER 1930

1930–31 / Die Gruppe May

Die schönfärberische Propaganda der kommunistischen Auslandszeitungen lockte viele deutsche Arbeiter und Facharbeiter, denen es infolge der Weltwirtschaftskrise und der steigenden Arbeitslosigkeit in der Heimat von Tag zu Tag schlechter ging, in die Sowjetunion. Als man dort 800 Bergleute suchte, bewarben sich 10 000. Mit den Arbeitern kamen auch deutsche Architekten und Ingenieure – allerdings nicht mehr wie Mendelsohn projektbezogen und besuchsweise, sondern als vertraglich verpflichtete »Gastarbeiter« für einige Jahre oder als überzeugte Kommunisten, wie sie glaubten, für immer.

Unter ihnen war auch der Frankfurter Stadtbaurat und Erbauer der neuen Frankfurter Siedlungen wie Römerstadt und Praunheim: Ernst May. May glaubte, das Angebot der Sowjets, in leitender Position mit einem selbstgewählten Stab deutscher Mitarbeiter die 17 geplanten neuen Industriestädte des Landes zu bauen, nicht ausschlagen zu können. Bei den Vertragsverhandlungen wurde er von der Deutschen Botschaft in Moskau unterstützt, da das Auswärtige Amt hoffte, Mays Tätigkeit würde den deutschen Einfluss auf das sowjetische Bauwesen stärken und der deutschen Wirtschaft größere Aufträge verschaffen. Der Botschafter bat den Frankfurter Oberbürgermeister, May die Übernahme der neuen Tätigkeit durch Auflösung des Beamtenverhältnisses zu erleichtern.

Im Juli 1930 konnte May einen Arbeitsvertrag unterschreiben, dessen Bedingungen durchaus der Größe der Aufgabe entsprachen. Als

Vergütung erhielt er in den ersten beiden Jahren monatlich 1750 Dollar, im dritten Jahr 2000 Dollar und im vierten und fünften 2250 Dollar, dazu kamen monatlich 2000 Rubel. Auch die Gehälter seiner Mitarbeiter waren recht auskömmlich: Sie reichten von 400 Dollar und 800 Rubel bis zu 50 Dollar und 400 Rubel im Monat. Die Valuta wurden auf das Konto einer ausländischen Bank eigener Wahl überwiesen.[7] Mays Gehalt entsprach einem Jahreseinkommen von etwa 150000 Reichsmark und ermöglichte ihm, der Frankfurt mit Hypothekenschulden in Höhe von 60000 Mark verließ, nach knapp vier Jahren Sowjetunion nicht nur seine Schulden zu tilgen, sondern noch 90000 Reichsmark zurückzulegen.

Am 1. August 1930 gab May seine Berufung in der *Frankfurter Zeitung* öffentlich bekannt und begründete seinen Schritt. Nicht leichtfertig verlasse er seine Heimatstadt und Wirkungsstätte. Nicht einmal die heftige Kritik an den neuen Siedlungen seitens der Frankfurter Bürgerschaft vertreibe ihn, da er zu den Menschen gehöre, die gleich unempfindlich gegen Lob und Tadel seien. Einzig der Wunsch, noch einmal, und zwar in größerem Maßstab als in Frankfurt das Los der Menschen zu verbessern, habe ihn zu seinem Entschluss verführt. Er werde nun eine der bedeutendsten Aufgaben übernehmen, die je einem Architekten gestellt wurden: die Errichtung neuer sozialistischer Städte. Auch wenn viele bezweifelten, dass sich ein so gewaltiges Ziel in so kurzer Zeit überhaupt erreichen lasse, sei er fest entschlossen, selbst auf die Gefahr des Scheiterns hin und ohne Rücksicht auf eine gesicherte Existenz, an diesem großen Experiment mitzuwirken. May verschwieg wohlweislich, dass er vom Auswärtigen Amt die Garantie einer gleichwertigen Stellung in Deutschland bei vorzeitiger Beendigung des Vertrages gefordert, das Amt dieses Ansinnen aber abgelehnt und ihn an seinen Dienstherrn, die Stadt Frankfurt, verwiesen hatte.

Die Meldung von Mays Auswanderung verbreitete sich in den deutschen Fachkreisen wie ein Lauffeuer. Weit über tausend Architekten bewarben sich bei ihm um Mitarbeit. Doch die »Russlandfahrer«, wie die Frankfurter Presse die nach Osten ziehenden Planer nannte, hatte May bereits aus dem Stab seiner engeren Mitarbeiter und dem Kreis der Vertreter des Neuen Bauens handverlesen. Die Auserwählten schätzten sich glücklich, der drohenden Arbeitslosigkeit entfliehen zu können, und hofften, von den Bolschewiki mit offenen Armen empfangen zu werden, um endlich die Prinzipien des Neuen Bauens, das in den konservativen Kreisen Deutschlands als »bolschewistisch« gebrandmarkt wurde, in der Sowjetunion unangefochten und in großem Maßstab umsetzen zu können.

Unter den siebzehn Russlandfahrern befand sich der Holländer Mart Stam, den May 1928 nach Frankfurt geholt und mit dem Bau der Hellerhofsiedlung betraut hatte. Stam empfahl May den Schweizer Hans Schmidt, der wie er selbst als Gastdozent am Bauhaus gelehrt hatte und mit der Siedlung Neubühl in Zürich über die Schweiz hinaus bekannt geworden war. Schmidt kam die neue Aufgabe sehr gelegen, denn er war mit seinem Büro gerade in Konkurs gegangen und hoffte, nachdem es mit einer Berufung an die Eidgenössische Technische Hochschule Zürich nicht geklappt hatte, auf einen beruflichen Neustart. Ebenfalls mit von der Partie war Walter Schwagenscheidt, der in Frankfurt den Bau der Siedlung Goldstein leitete, die gerade infolge finanzieller Engpässe zurückgestellt worden war.

Zu den Auserwählten gehörte auch Margarete Schütte-Lihotzky, Mitarbeiterin beim Frankfurter Siedlungsbau und Schöpferin der Frankfurter Küche, dem Urtyp des rationalisierten häuslichen Arbeitsplatzes und Vorläufer späterer Einbauküchen. Sie war nach dem Wirtschaftseinbruch 1929 von der Stadt Frankfurt im Zuge umfangreicher Personaleinsparungen als Doppelverdienerin – ihr Mann Wilhelm Schütte arbeitete ebenfalls im Hochbauamt – aus dem öffentlichen Dienst entlassen worden. Ihr anschließender Werkvertrag mit der Stadt Frankfurt sollte ab Juli 1930 nicht mehr verlängert werden. Auch sie und ihren

Mann lockten daher die Größe der neuen Aufgabe ebenso wie das vertraglich zugesicherte gute Honorar. May war wohl selbst froh, seine Zelte in Frankfurt abbrechen zu können, denn die kommenden Jahre drohten sein Amt zu einem reinen Verwaltungsjob werden zu lassen. Die Zurückstellung der Siedlung Goldstein war ein Warnzeichen. Auch die Ausstellung *Wohnung für das Existenzminimum* und die Planung einer Stadtrandsiedlung für Erwerbslose ließen erahnen, in welche Richtung sich das Bauen angesichts zunehmender Finanzierungsschwierigkeiten der öffentlichen Hand entwickeln würde.

Während ein Teil der Presse meinte, endlich gingen May und seinesgleichen dorthin, wohin sie gehörten, warnten andere die Russlandfahrer vor ihrer Reise ins Ungewisse. Immerhin hatte 1928 in Moskau der erste Schauprozess gegen fünfzig bürgerliche Spezialisten, vor allem Techniker, Ingenieure und Funktionäre, stattgefunden, die der Sabotage im Auftrag ausländischer Kapitalisten in der Region Schachty im Donezbecken, einem Zentrum der Kohleförderung, angeklagt wurden. Unter ihnen befanden sich mehrere Mitarbeiter des deutschen Elektrokonzerns AEG, die mit der Ablieferung von Dampfturbinen für die Kohlebergwerke betraut waren. Zwei der Deutschen wurden nach zehntägiger Haft und brutaler Behandlung freigelassen, drei weitere blieben im Gefängnis, wurden wie die Russen angeklagt und nach dem Schuldspruch nach Deutschland abgeschoben. Das Ziel des Prozesses habe nicht darin bestanden, so der deutsche Botschaftsrat Gustav Hilger, »wirklich Schuldige zur Verantwortung zu ziehen, sondern lediglich in dem Bestreben, die Aufmerksamkeit der Bevölkerung von den mit der Industrialisierung verbundenen Mißständen, Nöten und Schwierigkeiten abzulenken und bürgerliche Spezialisten und ausländische Kapitalisten dafür verantwortlich zu machen.«[8]

Die Zeitschrift *Bauwelt* warnte die Russlandfahrer: In den letzten Jahren hätten sich die Verhältnisse in Stalins Reich so zugespitzt, dass sich in Gefahr begebe, wer in den Dienst der Sowjetunion trete. Nicht so sehr Ernst May, der als weltbekannte Persönlichkeit wohl kaum etwas zu befürchten habe, aber doch die große Masse der anderen. Zudem entsprächen die von der Sowjetregierung gemachten Angebote häufig weder der Leistung, die erwartet werde, noch den tatsächlichen sowjetischen Lebensbedingungen. Doch die Russlandfahrer vertrauten den Berichten der kommunistischen Presse, den Büchern des Malik-Verlags, der sich auf die neue sowjetische Literatur spezialisiert hatte, und den sowjetischen Filmen, die in deutschen Großstadtkinos gezeigt wurden, mehr als den Warnungen konservativer deutscher Medien oder politisch rechtsgerichteter Kreise.

Viele von ihnen hatten Victor Turins Film *Turksib* von 1928 gesehen, dessen schwarz-weiße Bilder vom entbehrungsvollen, aber erfolgreichen Kampf der Sowjetmacht gegen die riesigen Entfernungen und die Naturgewalten beim Bau der Eisenbahn quer durch Asien von Turkestan nach Sibirien erzählen, einem der Großprojekte des Ersten Fünfjahresplans. Tausende von Arbeitern unterschiedlicher Nationalität trotzen gemeinsam den Unbilden einer unwirtlichen Natur. Die Dynamik, die durch die schnelle Schnitttechnik und die Aufnahme rotierender Maschinenteile und hämmernder Arbeiter entsteht, wirkt mitreißend. Die dramatische Musik untermalt gekonnt die heroische Handhabung von Schaufel und Spitzhacke. Der in *Turksib* wie in fast allen sowjetischen Filmen geschilderte unermüdliche Kampf der Sowjetmacht für industriellen Aufbau, Alphabetisierung, freie Erziehung und humanen Strafvollzug sprach die Russlandfahrer vor allem emotional an. »Als der Ruf an mich erging«, so Schütte-Lihotzky, »dort zu arbeiten, habe ich sofort mit gewecktem verstandesmäßigen Interesse, gefühlsmäßig aber sozusagen mit fliegenden Fahnen zugesagt.«[9]

Aber: Wollten die Russlandfahrer überhaupt wissen, wie die Lage in der Sowjetunion wirklich war? Genügte es ihnen nicht zu erleben, wie aussichtslos sie sich in Deutschland entwickelte, um angesichts der wie Verfallserscheinungen des Kapitalismus wirkenden politischen und wirtschaftlichen Verhältnisse ihre ganze Hoffnung auf die Wunderkraft des Sozialismus zu setzen? Eifrig wurden nun russische Vokabeln gelernt, Wohnungen aufgelöst, letzte Erholungsreisen angetreten. Nach einem Abschiedsfest im Frankfurter Palmengarten fuhren sie nach Berlin und trafen sich am 5. Oktober 1930 im Schlesischen Bahnhof zur gemeinsamen Abfahrt, obwohl May ursprünglich nicht mit der Bahn, sondern mit einem Zeppelin reisen wollte, um, wie seine Mitarbeiter ihm unterstellten, möglichst sensationell auf Moskau herabzuschweben.

Auf dem Bahnsteig gaben die Russlandfahrer den zahlreich versammelten Journalisten noch letzte Interviews und fuhren schließlich mit Kind und Kegel ab. Insgesamt 40 Personen, das jüngste sechs Wochen alt, belegten mit Hausrat und Möbeln zwei Schlaf- und zwei Gepäckwagen. Am ersten Morgen nach der Abfahrt sei Mart Stam, so erzählt Schütte-Lihotzky, mit einem Blatt Papier in der Hand durch die Abteile gegeistert und habe Unterschriften unter ein von ihm verfasstes Dokument eingefordert. Sie führen ja nun in ein sozialistisches Land und sollten deshalb alle erklären, dass sie ihre Entwürfe und Pläne nicht mehr einzeln mit ihrem Namen, sondern als Kollektiv unterzeichnen wollten. »Wir fanden das sehr schön und kamen uns ungemein heldenhaft und revolutionär in unserer Selbstverleugnung vor, als wir jeder unsere Unterschrift auf dieses Blatt Papier setzten. Ja, und als wir dann in Moskau angekommen waren und das erste Mal mit unseren sowjetischen Kollegen zusammentrafen und sie uns Pläne vorlegten, da sahen wir, daß jeder Entwurf die verschiedensten persönlichen Unterschriften trug: vom Hauptingenieur über den Architekten, die beteiligten Techniker und Ingenieure bis hin zu den Zeichnern.«[10]

In Negoreloje, der russisch-polnischen Grenzstation, die in vielen Reiseberichten beschrieben wird, empfing sie ein großes hölzernes Tor, dessen Inschrift je nach Berichterstatter und Jahr variiert – von »Proletarier aller Länder, vereinigt Euch« bis zu »Willkommen Werktätige des Westens«. Die Reisenden stiegen aus, stellten ihre Uhren um eine Stunde auf osteuropäische Zeit um und betraten einen großen hölzernen Saal, wo Zollrevisoren und Rotarmisten in langen sandgelben Mänteln Gepäck und Pässe kontrollierten. Nach der Grenzkontrolle stiegen die Reisenden in einen anderen Zug, da die Spurweite der Schienen in der Sowjetunion größer war als im Westen, was ebenfalls in vielen Berichten erwähnt wurde und zu symbolischer Deutung Anlass gab.

Die Fahrt ging weiter, und die Landschaft rechts und links ließ die Russlandfahrer zum ersten Mal die ungeheure Weite ihrer neuen Heimat erahnen, angenehm gedämpft vom Komfort des sie umgebenden Pullman-Wagens. Dann endlich nach zwei Tagen und zwei Nächten Fahrt die Ankunft im Weißrussischen Bahnhof, einem imposanten Moskauer Bau im neoklassizistischen Stilgewand, dessen Vorfeld sie wohl erstaunte: eine Art Dorfplatz, gepflastert und von kleinen Häusern umstanden. Manch einer mag sich gefragt haben, wo das Russland des neuen Aufbaus und des neuen Menschen zu finden sein würde.

Zunächst komfortabel im Grandhotel untergebracht, konnte die Gruppe May nach zwei Monaten ein eigens für sie gebautes Wohnhaus in der Bolschoi-Karetny-Gasse beziehen. Jede Familie bewohnte nun zwei Zimmer und teilte sich Küche und Bad mit einer zweiten – ein Umstand, der anfangs für lange Gesichter sorgte, bis sie erfuhren, dass viele ihrer sowjetischen Kollegen auf fünf bis sechs Quadratmetern pro Person wohnten und sich Küche und Bad mit vielen Familien teilten. Die unfreiwilligen Wohngemeinschaften funktionierten erstaunlich gut. Das Leben im fremden Land mit nur rudimentären Sprachkenntnissen ließ wohl ein Bedürfnis nach Nähe und Gemeinschaft entstehen.

Die radikaleren unter den Mitgliedern der Gruppe May hätten sich allerdings gewünscht, nicht in spießigen Kleinbürger-Wohnungen, wie es sie auch in Deutschland gab, sondern in einem eigens gebauten Kollektivhaus zu wohnen, und gaben sich damit sozialistischer als die Russen, denn in ganz Moskau existierte erst eine Einrichtung dieser Art. Und es sollten auch nicht viel mehr werden, da die am 16. Mai 1930 vom Zentralkomitee erlassene Resolution *Über die Arbeit bei der Umgestaltung der Lebensweise* das Kommunehaus als eine schädliche utopische Idee bezeichnete, deren Verwirklichung nicht nur zu teuer sei, sondern auch den Wünschen des Volkes in keiner Weise entspreche.

Ein Entwurf für ein Kollektivhaus war mit vereinten Architektenkräften schnell gefertigt, wurde jedoch, so Schwagenscheidt, von den deutschen Frauen mit Heulen und Tränen abgelehnt. »Sie wollten ihre Wohnungen wie daheeme.«[11] Schwagenscheidts eigener, nicht ganz ernst gemeinter Vorschlag sah einen quadratischen Saal vor mit gereihten Betten an den Wänden, das Ehepaar May leicht herausgehoben in einem großen Himmelbett, ergänzt durch einen langen Esstisch in der Mitte und einige freistehende Badewannen und Toilettentöpfe rechts und links des Eingangs. Der Baukörper war wie Le Corbusiers Villa Savoye kubisch geformt, auf schlanke Stützen gestellt und besaß eine begrünte Dachterrasse.

Die Arbeitsbedingungen der Gruppe May waren wie die Wohnverhältnisse ziemlich gut. Sie logierten im komfortablen Gebäude ihres Arbeitgebers, der Zekombank, der Bank für Kommunalwirtschaft und Wohnungsbau, die dem Volkskommissariat für Finanzen unterstand. Auf den Reisen durchs Land, die sie zwecks Erkundung der Lage neuer Städte nach Armenien, Kasachstan und Sibirien führten, stand ihnen ein Eisenbahnwaggon mit Köchin, zwei Schaffnern und mehreren Dolmetschern zur Verfügung, für die Fahrten vor Ort Autos und Schlitten. May fühlte sich, wie er wenige Tage nach der Ankunft dem Frankfurter Oberbürgermeister schrieb, in seinem Optimismus bestätigt: »Mein Stab macht gegenwärtig eine Kaviar-Gewöhnungskur durch! Es berührt einen hier geradezu komisch, wenn man an die unkenden westeuropäischen Zeitungsberichte denkt, die Russland so ungefähr vor dem Abgrunde stehend schildern! Alles macht hier einen durchaus stabilen Eindruck.«[12]

Etwas weniger enthusiastisch berichtete Hans Schmidt, der mit seiner Frau, der Malerin Lili Imboden, nach Moskau gezogen war, dem

Bruder Georg nach Basel. Man stoße im heutigen Russland noch immer überall auf das schwierige Erbe der Vergangenheit, auf große technische und organisatorische Rückständigkeit, deren Überwindung all die Opfer, die man der Bevölkerung zumute, notwendig machte. Vom großen Maßstab, in dem man hier baue, könne man sich von Basel aus keine Vorstellung machen. Sie selbst stünden mit ihrer Arbeit natürlich noch ganz am Anfang, aber man bringe ihnen großes Vertrauen entgegen. Es gehe ihnen gut, viel besser, als sie sich von der Schweiz aus vorgestellt hätten, allerdings sei alles, was es frei zu kaufen gebe, sehr teuer. Im eigenen Haus werde wahrscheinlich gemeinsam gekocht, denn als Spezialisten hätten sie ihre eigene Lebensmittelversorgung, sehr gut und zu billigen Preisen.[13]

Die erste Arbeitsreise, eine sogenannte *Kommandirowka*, führte May mit einigen Mitarbeitern bereits im November nach Magnitogorsk, einer Lagerstätte wertvoller Erze an den südlichen Osthängen des Ural. May wollte den Standort erkunden, an dem eine Wohnstadt für 200 000 Menschen entstehen und die Barackenlandschaft ersetzen sollte, in der bereits 40 000 Arbeiter provisorisch lebten. Die Fahrt im Sonderzug dauerte vier Tage, und auch sie war alles andere als eine Strapaze. »Wir dachten immer lächelnd der Frankfurter Warner, die uns den Hungertod in den russischen Steppen teils geweissagt, teils gewünscht hatten. Sie hätten die Kisten mit Preßkaviar, Schokolade, Zigaretten, Wurst und anderen Sachen sehen sollen, aus denen man uns während der ganzen Fahrt versorgte, und (da ich die Zweifler schon höhnen höre) die Bauersfrauen, die fast auf allen Stationen Eier, Milch, Butter und Geflügel feilboten.«[14]

May und seine Mitarbeiter schliefen und arbeiteten in den Salonwagen, die für die Zeit ihres Aufenthalts auf ein Abstellgleis geschoben wurden. Sie arbeiteten, abgesehen von wenigen Stunden Schlaf, ganze Tage hindurch. Während der Rückfahrt machten sie bereits erste Entwürfe, skizziert mit Samowarkohle auf Furnierholz als Reißbrettersatz.

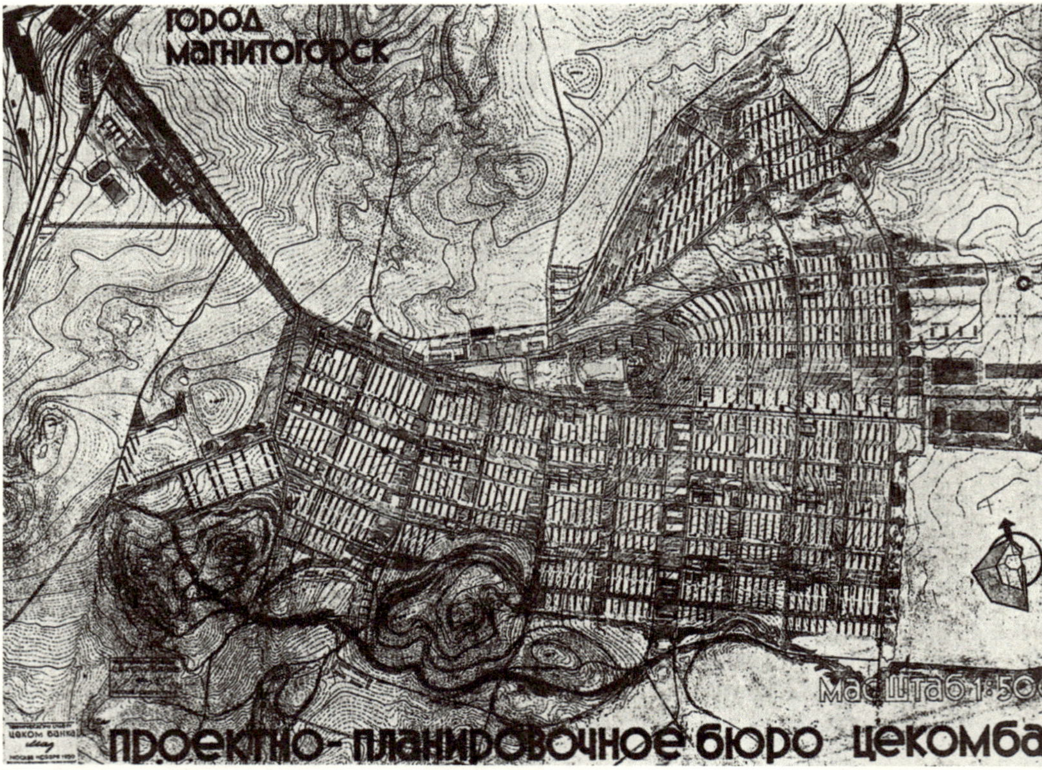

Generalplan Magnitogorsk, 1930

Alle waren hoch motiviert, alle zogen um der großen Aufgabe willen an einem Strang, auch wenn es bei so viel ehrgeizigen und selbstbewussten Architekten in einer Gruppe natürlich nicht ohne Reibereien und Kompetenzgerangel abging. Schwagenscheidts Gegner beispielsweise hieß Mart Stam, der von May zum federführenden Planer von Magnitogorsk ernannt worden war. Einem Freund in der Heimat berichtete er stolz: Er habe Stam, auch wenn May stark zu ihm halte, schon einige Großkampftage geliefert, die dieser nicht vergessen werde. »Kürzlich habe ich Stam bei einem scharfen Auftritt (vor versammelter Mannschaft) einen städtebaulichen Säugling genannt. May nannte mich einen groben Hund, was ich bestätigte.«[15]

Die Kontakte mit den russischen Kollegen blieben angesichts der geringen Sprachkenntnisse beschränkt. Die Ehepaare Stam, Schmidt und Schütte besuchten hin und wieder den Freund und Kollegen El Lissitzky, der in Deutschland studiert und gearbeitet hatte, ansonsten war man sich anfangs fremd. Schütte-Lihotzky klagte über die bedauerliche Arbeitsmoral der jungen Architekten, Techniker und Zeichner, die in Krieg, Revolution und Bürgerkrieg nie diszipliniertes Arbeiten kennengelernt hätten. May hielt die Russen für fabelhafte Zeichner, denen es allerdings an Ausführungspraxis fehle. Die sowjetischen Architekten wiederum neideten den deutschen Kollegen das gute Essen, die komfortablen Wohnungen, die Valuta und die hohen Gehälter. Zudem missfielen ihnen der teutonische Arbeitseifer und die ständige Besserwisserei.

Am 3. Dezember 1930 wurde der neue Entwurf für Magnitogorsk bereits mit Plänen und Modellen einer Moskauer Kommission vorgestellt. May und Stam hatten die neue Stadt als Band entworfen, bestehend aus drei- bis fünfgeschossigen, nach Süden ausgerichteten Wohnzeilen. Das Zentrum lag mit Theater, Festhalle und Zentralwarenhaus von der Wohnstadt getrennt auf einer Anhöhe. Die Wohnzeilen wurden zu Quartalen für je 10 000 Bewohner zusammengefasst und durch Grünflächen voneinander getrennt. Jedes Quartal besaß einen Kollektivpunkt mit Klub, Speisehaus, Krippen und Schulen. Der Entwurf wurde von der Kommission heftig kritisiert. Er wirke zu eintönig, zu kasernenartig und lasse überhaupt einen sozialistischen Charakter vermissen. May und Stam versprachen, wohl ohne eine genaue Vorstellung von dem, was eine sozialistische Stadt ausmachte, die Planung zu ändern.

Eröffnung der Bauhausausstellung, 1930/31;
von links: Meyer, Mordwinow, Scheffler, Salamatsin

1930–31 / Bauhaus-Stoßbrigade Rot Front

Nur wenige Tage nach Ernst May traf der Schweizer Architekt Hannes Meyer in Moskau ein. Meyer, seit 1928 als Nachfolger von Walter Gropius Leiter des Bauhauses, war zum 1. August 1930 vom Dessauer Magistrat fristlos entlassen worden. Ihm wurde vorgeworfen, den politischen Umtrieben einer kommunistischen Studentenzelle am Bauhaus nicht entschlossen genug entgegengetreten zu sein und selbst kommunistische Ansichten zu hegen. Immerhin habe er das Fach Marxismus-Leninismus am Bauhaus eingeführt und sich an einer Spendensammlung für streikende Bergarbeiter beteiligt.

Der Hinauswurf entwickelte sich zum »Fall Meyer«, der weit über Dessau hinaus Aufsehen erregte. Mehr als 20 Tageszeitungen und Fachzeitschriften berichteten pro und contra. Das Zentralorgan der KPD, die *Rote Fahne*, prangerte die Entlassung als krassen Fall politischer Reaktion an. Die bürgerliche Presse zeigte sich befriedigt, dass im Bauhaus endlich aufgeräumt werde. Die Bauhaus-Meister stellten sich fast alle gegen Meyer, viele der Studierenden hinter ihn. In einem offenen Brief erklärte die Studentenvertretung, bei der anhaltinischen Regierung sofort schärfsten Protest eingelegt zu haben, als sie von dem diktatorischen Vorgehen des Herrn Oberbürgermeisters und dem Rücktritt Meyers erfahren habe. Die heutige schwere Zeit erfordere eine klare Stellungnahme, da sich Gesinnung und Arbeit nicht länger trennen ließen, und so wollten sie klar Position beziehen. Der Brief endete mit einer

Huldigung: »Hannes Meyer! In einer veralteten Welt, einer professoralen Umgebung, waren Sie jung. Wir wollen mit Ihnen jung bleiben.«[16]

Meyer heizte die Situation weiter an, indem er öffentlich behauptete, man habe ihn in den Ferien, fern seiner treuen Studenten und Mitarbeiter, von hinten »gekillt«. Er drohte, gegen die Stadt gerichtlich vorzugehen, und bemühte sich gleichzeitig um eine Berufung in die Sowjetunion, wie er El Lissitzky nach Moskau berichtete: Auf der russischen Handelsdelegation und der Gesandtschaft in Berlin habe er bereits vorgesprochen und viel Verständnis für seinen Fall erfahren. Man habe ihm dort den Rat gegeben, nach Moskau zu gehen und dort durch Vorträge und Verhandlungen den Boden für sich und einige seiner ehemaligen Studenten vorzubereiten. Diesem Rat werde er folgen. Es gebe für kreative Menschen derzeit in Europa nichts zu tun, und so müsse sich jeder entscheiden: Ost oder West. Er habe sich für den Osten entschieden und hoffe, mit einer Bauhausbrigade am Aufbau der Sowjetunion mithelfen und seine beruflichen Erfahrungen fruchtbringend einsetzen zu können. Außerdem sei er sehr glücklich, so auf anständige Weise den Halbheiten seines Dessauer Daseins endlich entrinnen zu können.[17]

Die Halbheiten waren sicher vor allem politischer Natur, da Meyer unter dem Einfluss der kommunistischen Studentenzelle zwar begonnen hatte, sich mit marxistischer Theorie zu beschäftigen, sich aber nach wie vor der Genossenschaftsbewegung zugehörig fühlte. Aber auch privat gab es Komplikationen. Meyer, verheiratet, zwei Kinder, hatte mit Margarete Mengel, der Chefsekretärin des Bauhauses, einen gemeinsamen dreijährigen Sohn, und die ehemalige Bauhaus-Studentin Lotte Beese erwartete ein weiteres Kind von ihm. Sein unkonventionelles Privatleben war schon lange Wasser auf den Mühlen konservativer Architekturkritiker. Alexander von Senger etwa unterließ es nie, auf seinen Vortragsreisen das Publikum nicht nur auf Meyers bolschewistische Flachdachbauten, sondern auch auf seine unehelichen Kinder aufmerksam zu machen.

Als Meyer Deutschland verließ, verkündete er wie May seinen Entschluss öffentlich, allerdings nicht in bürgerlichen Blättern, sondern in der *Prawda* und in deutlicher Abgrenzung zu May: »Ich fahre in die UdSSR, um dort zu arbeiten, wo eine wirklich proletarische Kultur sich entwickelt, wo der Sozialismus entsteht, wo die Gesellschaft existiert, für die wir unter den Bedingungen des Kapitalismus gekämpft haben. Ich bitte die russischen Genossen, mich und meine Gruppe nicht als seelenlose Spezialisten zu betrachten, die es auf irgendwelche besonderen Privilegien abgesehen haben. Wir sind Genossen in Arbeit und Überzeugung, die dazu bereit sind, all ihr Wissen und alle Kräfte, alle bautechnischen Erfahrungen für den Sozialismus und die Revolution zur Verfügung zu stellen.«[18]

Genosse war Meyer jedoch damals so wenig wie der »seelenlose Spezialist« May, denn er trat erst 1939 in der Schweiz in die kommunistische Partei ein. Auch von den ehemaligen Studenten, die mit ihm gehen wollten, waren nur der Weißrusse Bela Scheffler, Mitbegründer der kommunistischen Zelle am Bauhaus, und der Ungar Antonin Urban Parteimitglieder. Philipp Tolziner, Konrad Püschel, Tibor Weiner, René Mensch und Klaus Meumann bewunderten zwar den Aufbau in der Sowjetunion und hingen mehr oder weniger sozialistischen Ideen an, waren aber nicht parteipolitisch gebunden.

Philipp Tolziner etwa war nach einer Lehre als Korbmacher bei seinem Vater in München als Zionist nach Palästina ausgewandert. Als er aufgrund einer Typhuserkrankung nach Hause zurückkehren musste, ging er 1927 gegen den Willen des Vaters nach Dessau, um am Bauhaus Architektur zu studieren. Gemeinsam mit dem Studienkollegen Tibor Weiner, der bereits in Budapest ein Architekturstudium absolviert hatte, entwarf er ein Kollektivhaus, das an der Schule einiges Aufsehen erregte. Als Tibor Weiner im Herbst 1930 mit Bela Scheffler und Antonin Urban als politisch verdächtiger Ausländer aus Dessau ausgewiesen wurde, verließ auch Tolziner die Stadt. Sie sammelten sich in Berlin, wo

Tolziner bei Fred Forbat, der im Berliner Siedlungsbau tätig war, und Weiner bei Hannes Meyer vorläufig unterkamen. Ihre Lage war prekär und drängte zu baldiger Entscheidung. Als Meyer ihnen anbot, mit ihm in die Sowjetunion zu gehen, nahmen sie das Angebot bereitwillig an. Sie nannten sich, durch die Aussicht auf Leben und Arbeit in der Sowjetunion möglicherweise beflügelt, »Bauhaus-Stoßbrigade Rot Front«, um damit, schrieb Tolziner im Rückblick, ihr Credo zu demonstrieren: »Durch ›Bauhaus‹, dass unser Werdegang am Bauhaus verlief, durch ›Rot Front‹, dass wir uns mit der revolutionären Arbeiterbewegung verbunden fühlten, durch ›Stoßbrigade‹, dass wir gewillt waren, am Aufbau des Sozialismus in der Sowjetunion mit durchschlagender Kraft mitzuarbeiten.«[19]

Als Erster reiste am 11. Oktober 1930 Hannes Meyer mit dem russisch sprechenden Bela Scheffler nach Moskau, um sofort mit der Arbeit zu beginnen und alles für die nachkommenden Mitglieder der Brigade, deren Visa noch nicht vorlagen, vorzubereiten. Meyer wurde mit offenen Armen empfangen, denn das Bauhaus genoss in der Sowjetunion einen hervorragenden Ruf. Bald sprach er im Gewerkschaftshaus vor achthundert Delegierten über die reaktionäre Entwicklung in Deutschland, wie immer frei und mitreißend. Bald berichtete er fünfhundert Professoren und Studenten der neu gegründeten Hochschule für Architektur und Bauwesen, der WASI, von den Vorgängen am Bauhaus. Die Zuhörer erklärten sich mit ihm und den Bauhaus-Studenten solidarisch, verfassten eine Protestresolution gegen Repression und reaktionäre Gewalt und lobten Meyers mutiges Auftreten. Weitere Reden und eine Ausstellung mit Arbeiten des Bauhauses in den Räumen der Hochschule folgten. Die Ausstellung wurde von den Russen allerdings kühl aufgenommen, da sie entgegen ihrer Erwartung nur die Jahre unter Meyer erfasste.

Einen Monat nach seiner Ankunft in Moskau schilderte Meyer in der Arbeiterzeitung *Basler Vorwärts* in einem offenen Brief seine ersten

Eindrücke und machte unmissverständlich klar, wohin er von nun an gehörte: »Wenn man hier lebt, begreift man den Westen nur noch schwer. Ab und zu verirrt sich ein bürgerliches oder SPD-Blatt auf meinen Tisch, und sie wirken wie Witzblätter. Ich verstehe nicht, dass ich nicht schon seit 1917 hier lebe und dass ich als ein Nachzügler der Bewegung in die Reihen trete. Wir verstehen nicht mehr, wie man jahrzehntelang versuchen konnte, innerhalb des kapitalistischen Systems Inseln für den Sozialismus anzustreben, wo wir jetzt auf einem sozialistischen Festland Aufenthalt für Dauer genommen haben.«[20]

Anfang 1931 trafen auch die Brigadisten Philipp Tolziner und Konrad Püschel auf dem sozialistischen Festland ein, um Aufenthalt auf Dauer zu nehmen. Sie waren, wie sie glaubten, gut vorbereitet, trugen eigens angefertigte, strapazierfähige Anzüge aus Manchesterstoff einheitlicher Machart und hatten Haushaltswaren einschließlich Besen und Eimer im Gepäck, da sie sich bezüglich der materiellen Lebensbedingungen in der Sowjetunion keinen Illusionen hingaben. Dass sie während der Fahrt durch Polen von den Mitreisenden eindringlich vor einer Übersiedelung in die Sowjetunion gewarnt wurden, vermochte die Jungbrigadisten nicht zu beeindrucken.

Als sollten sich diese Warnungen nur zu bald erfüllen, war bei ihrer Ankunft am Weißrussischen Bahnhof in Moskau niemand da, um sie abzuholen. Es sei, so Püschel, stockfinster und bitter kalt gewesen, es habe nach Rauch, Sauerkraut und Abort gestunken. Dichte Menschenmassen hätten sich, schwer mit Bündeln, Körben und Holzkoffern beladen, durch die Bahnhofshallen und die Bahnsteige entlang geschoben. »Keiner war städtisch, geschweige denn europäisch gekleidet. Alles erschien unter dem fernen Lampenhimmel grau in grau, braun in braun. Im Strudel der Massen, und jeder hatte es eilig, waren wir mit unserer Kleidung und mit je zwei großen Koffern zu einem Fremdkörper und Hindernis geworden, und man begann sich für uns zu interessieren. Man redete auf uns ein, packte unsere Koffer, um sie zur Bagasch zu bringen, wollte Zigaretten und Tabak, vor allem aber Zündhölzer, bot dafür Wodka, und wir verstanden nichts.«[21]

Püschel und Tolziner fühlten sich verloren. Da befreite sie ein baumlanger Rotarmist aus dem Gedränge und brachte sie zu einer freundlichen Dame, die ihnen erklärte, dass sie erst am nächsten Tag zu ihrem Bestimmungsort gebracht werden könnten. Sie bot ihnen an, die Nacht in der Bahnhofsauskunft zu verbringen, riet ihnen, sich zu ihrem eigenen Schutz ruhig zu verhalten, und begleitete sie am Morgen zu Hannes Meyer und Bela Scheffler, die erstaunt waren, sie zu sehen, da ihnen für ihre Ankunft ein anderes Datum genannt worden war.

Vor Ort erfuhren die beiden Neuankömmlinge, dass Meyer für seine Mitarbeiter ohne Rücksprache mit ihnen auf hohe Rubelgehälter und Valuta, wie sie die Mitglieder der Gruppe May erhielten, verzichtet und den Wunsch nach völliger Gleichstellung mit den sowjetischen Kollegen geäußert hatte. Das hieß: 400 Rubel pro Monat und ein vierwöchiger Erholungsurlaub pro Jahr. Einen Arbeitsvertrag hätten sie, so Püschel, nie zu Gesicht bekommen, obwohl es einen gegeben haben müsse. Fragen danach habe Meyer als provokatorisch zurückgewiesen. Allerdings sei ihnen bald klar geworden, dass Meyer als »qualifizierter Spezialist« mit Valutavergütung in der Sowjetunion arbeitete, während die Mitglieder der Brigade nur als »qualifizierte Facharbeiter« galten, die über ihre Rechte und Pflichten im Unklaren gelassen wurden.

Die Brigadisten wohnten wie Hannes Meyer in einem Altbau am inneren Boulevardring unweit von Kreml und Altstadt. Auch wenn ihre Unterkunft mit dem komfortablen Neubau der Gruppe May nicht zu vergleichen war, hatte man sie doch für russische Verhältnisse gut untergebracht. Sie belegten im ersten Obergeschoss des Hauses Arbat 1 jeder ein Zimmer für sich allein, während die meisten Moskauer in solchen Zimmern eng zusammengedrängt mit ihren Familien hausten.

Was die Versorgung betraf, waren die Brigadisten den Mitgliedern der Gruppe May gleichgestellt. Auch sie erhielten die sogenannte *Insnab-*

Verpflegung, über die ausschließlich Ausländer mit Nahrungsmitteln, Textilwaren und Industriegütern in beschränktem, aber doch ausreichendem Maß beliefert wurden. Für den gemeinsamen Haushalt sorgte eine mütterliche Russin, die einkaufte, kochte und den Neulingen mit praktischen Ratschlägen zur Seite stand.

Alles sei ihnen, so Püschel weiter, anfangs fremd gewesen, selbst das Fahren mit der Straßenbahn, das wegen der Überfüllung artistische Gewandtheit voraussetzte, da die Russen weder Disziplin noch Rücksicht kannten. »Das Erregendste, Aufregendste und Verwirrendste für uns war aber der Fußgängerverkehr, die Menschenmassen in den Straßen, auf den Plätzen, auf den Boulevards. In den Hauptstraßen wurde er unerträglich. Man wollte rasch zu einem Ziel, konnte weder überholen noch ausweichen, musste sich einreihen und einfach schieben lassen; hier mussten die Fußwege durch Seile abgegrenzt werden, um das Überfluten der Straßen zu verhindern.«[22]

Das Gewimmel auf den Straßen Moskaus erwähnen fast alle Reisenden dieser Jahre in ihren Berichten, ebenso die düstere Atmosphäre, die von den Häusermassen ausging. Ohne Farbe, Reklame und erleuchtete Schaufenster wirkten sie auf die Besucher aus dem Westen finster und trüb, obwohl sich die Stadt bereits zu erhellen begann. Auf Straßen und Plätzen tauchten ungewöhnliche Lampen auf, in deren Innerem sich als Leuchtmittel eine Leninfigur aus Nickel befand, ein Erzeugnis des Moskauer Elektrokombinats. »Die Stadt glitzerte«, so Michail Bulgakow in den *Teufeliaden*, »Lichter tanzten, erloschen, entflammten wieder. Auf dem Theaterplatz kreisten die weißen Lichter der Autobusse und die grünen der Straßenbahnen; über der aufgestockten neunten Etage des ehemaligen Muir & Merilees sprang eine Frau aus bunten Glühbirnen herum und warf buchstabenweise das Wort ›Arbeiterkredit‹ zusammen. In der Grünanlage gegenüber dem Bolschoitheater, wo nachts ein vielfarbiger Springbrunnen sprudelte, drängte sich eine summende Menschenmenge.«

Als im Frühjahr 1931 auch Klaus Meumann, René Mensch, Antonin Urban und Tibor Weiner in Moskau eintrafen, war die Bauhaus-Stoßbrigade Rot Front komplett. Sie arbeitete nun unter der Leitung Meyers für *Giprowtus*, den Projektierungstrust für den Bau höherer Lehranstalten und technischer Hochschulen des Volkskommissariats der Schwerindustrie. Allerhöchster Arbeitseinsatz, 15 bis 17 Stunden am Tag, war Ehrensache, auch wenn die Arbeitsbedingungen gewöhnungsbedürftig waren. Der Arbeitsraum war ein dunkler Saal mit eng nebeneinander stehenden Zeichentischen. Nachts liefen Ratten über die frisch auf Holzrahmen gezogenen Zeichnungen und knabberten das Papier an. Auch die Arbeit selbst war schwer. Ohne große Berufspraxis hatten sie Hoch- und Fachschulen für 300 bis 3000 Studenten mit allen Details zu planen und Typenprojekte für kleinere allgemeinbildende Schulen zu entwickeln, ohne zu wissen, wo und wie ihre Entwürfe umgesetzt wurden.

Die finanzielle Gleichstellung und die räumliche Enge ihrer Unterbringung ließen bald freundschaftliche Beziehungen zu den russischen Kollegen entstehen. Gemeinsam nahmen sie außerhalb der Dienstzeit an Wettbewerben teil, machten Wochenendfahrten in die seen- und waldreiche Umgebung und Ferien auf den Datschen, liefen Ski über die zugefrorene Moskwa hinaus zum Kloster der Heiligen Jungfrau und trafen sich im Deutschen Klub zu Sprachkursen, Vorträgen und geselligem Beisammensein.

Hannes Meyer bat nun Lotte Beese, die auf seine Empfehlung hin in Brünn bei dem tschechischen Architekten Bohuslav Fuchs Arbeit gefunden hatte, möglichst rasch nach Moskau zu kommen. »Ich möchte, dass Du bei Fuchs so rasch als möglich weggehst, kannst Du schon per Monatsende?? (Oktober) Eventualfall – Krach. Aber nur, wenn es not tut. Oder willst Du seine Sympathien zum Anlass nehmen? Du siehst, ich möchte Dich mit jedem Mittel bald hierhaben. Bitte, bitte, komm bald.«[23] Kaum war Beese allerdings da, zog Meyer mit der Bauhaus-

Weberin Lena Bergner zusammen. Beese kehrte nach Brünn zurück, bekam im Juli 1931 den gemeinsamen Sohn Peter und musste Meyer auf Unterhalt verklagen. Meyer zahlte, wies aber jeden Wunsch nach einem gemeinsamen Familienleben brüsk zurück: »Meiner Erfahrung nach ist es für die weitere Entwicklung von Peter von größter Tragweite, wenn er mit der Mutter im ersten Lebensjahre unmittelbar zusammen sein kann und wenn er bestmöglich versorgt wird. Das schafft einen Grund für das ganze Weiterleben. Ich hatte anlässlich unseres Zusammenseins den Eindruck, dass du diese Situation verstehst und ihr nachlebst.«[24]

Im September 1931 unternahm Meyer eine erste Reise in den Westen. Er besuchte seine zwei Töchter, die mit ihrer Mutter in Zürich lebten, und hielt agitatorische Vorträge in Basel, Prag, Brünn, Leipzig, Frankfurt, Kopenhagen und Berlin. Der Andrang war groß, da die Entwicklung in der Sowjetunion die fortschrittlichen Geister in den westeuropäischen Ländern interessierte. Meyer sprach wie ein gelernter Bolschewik von Plan und Planerfüllung, von Kollektivdasein und den großen Erfolgen »bei uns«. Nach seiner Rückkehr nach Moskau berichtete er in den sowjetischen Medien mit großer Genugtuung von der steigenden Arbeitslosigkeit und der zunehmenden Armut der Arbeiterschaft in den kapitalistischen Ländern, die er bereist hatte.

Fast wäre im Herbst 1931 auch der Gründer des Bauhauses nach Moskau gekommen. Zumindest erhielt Walter Gropius, wie Erich Mendelsohn Mitglied der Gesellschaft *Freunde des neuen Russlands*, den Besuch einer Delegation der *Giprogor*, des obersten russischen Städtebautrusts, die ihm eine leitende Stellung anbot. Gropius fühlte sich zwar geschmeichelt, konnte sich aber nicht so recht für das Land der Proletarier erwärmen, obwohl die wirtschaftliche und politische Lage im Deutschen Reich immer schwieriger wurde. Im Juli 1931 brach die Danat-Bank zusammen, die Einleger stürmten die Bankschalter, die ausländischen Geldgeber zogen ihr Geld ab. Die Banken mussten für einen Monat schließen. Neue öffentliche Bauten durften per Erlass nicht mehr errichtet und bestehende nur repariert werden, wenn Menschenleben gefährdet waren. Es gab bereits fünf Millionen Arbeitslose, und SA-Verbände zogen randalierend durch die Straßen Berlins. Gropius beschloss dennoch, vorerst in Deutschland zu bleiben, und beantragte einen Waffenschein für eine 6 mm-Pistole, die er ab sofort auf Reisen und auf Fahrten durch die Stadt zu seinem persönlichen Schutz mit sich führte.

Während er sich wie die meisten deutschen Architekten weiterhin, wenn auch meist vergebens, um neue Aufträge bemühte, waren May und seine Mitarbeiter schon fest ins große sowjetische Aufbauwerk integriert. Vor ihnen lagen gigantische Aufgaben. Nowosibirsk, damals ein großes Dorf mit Holzhäusern und 200 000 Einwohnern, sollte zu einer steinernen Millionenstadt umgeformt werden. Im Kohlebecken zwischen Nowosibirsk und Kusnetzk sollten darüber hinaus sechs weitere Städte neu entstehen. Ernst May an Ehefrau Ilse: »Wir haben in Kusnetzk in einer fieberhaften Arbeit (einmal arbeiteten wir die ganze Nacht durch) ein sehr gutes Projekt für eine Stadt von 90 000 Einwohnern gemacht. In kurzem Kampfe setzten wir dasselbe durch, und am nächsten Tage wurde bereits mit der Verlegung der Gleise begonnen. In Tirgan ging die Sache ebenso fein.«[25]

Sie seien momentan mit Arbeit so eingedeckt, schrieb Hans Schmidt dem Bruder nach Basel, dass sie kaum Zeit und Gelegenheit hätten, sich zu akklimatisieren und die Stadt anzusehen. Selbst das Russischlernen komme zu kurz, obschon es eigentlich das Allerwichtigste wäre. Sich in Betrieben und Institutionen umzusehen, sei ihm ganz unmöglich. Er trete aber demnächst dem Deutschen Klub bei und werde dann sicher mehr über Land und Leute erfahren. Im April oder Mai werde Lili, die im Gegensatz zu ihm nach wie vor Heimweh nach den heimatlichen Fleischtöpfen habe, in die Schweiz kommen, um die zurückgelassene Tochter Madleen nachzuholen. Er bitte ihn, sie zu unterstützen. Es gehe ihnen hier sehr gut, sie hätten fast immer klares Wetter bei 15 bis 25 Grad minus. May sei zusammen mit Stam und drei weiteren Mitarbeitern gerade auf einer größeren Reise ins Uralgebiet, um den ersten Bauabschnitt von Magnitogorsk einzuleiten. Stam habe die Leitung des Projekts, sei aber – Schmidt fühlte sich offensichtlich zurückgesetzt – ein zu ehrgeiziger, impulsiver Künstler, um ernsthaft und systematisch die wesentlichen Dinge erfassen zu können. »Ich muss eben warten, bis ich einmal drankomme.«[26]

Drei Monate später berichtete er dem Bruder vom Wechsel der Dienststelle. Sie seien nicht mehr bei der Zekombank, sondern unterstünden nun direkt der Leitung des obersten Volkswirtschaftsrates und sollten noch in diesem Jahr zusätzlich zu den städtebaulichen Plänen für die neuen Städte Typenhäuser aus Holz entwickeln. Er halte diesen Schritt, zu dem sich die Sowjets so prompt und nüchtern entschlossen hätten, für wichtig, denn Eisen und Zement seien knapp, Holz dagegen im Überfluss vorhanden. Bislang habe die Gefahr bestanden, fern existentieller Notwendigkeiten steinerne Architektenträume zu verwirklichen, denn in Russland gebe es womöglich noch mehr Architekturfantasten als im Westen.

Die neue Aufgabe habe ihnen viel zusätzliche Arbeit gebracht und sie zu einer Riesenorganisation mit 200 bis 300 Mitarbeitern anwachsen lassen. Leider fehle es noch an guten technischen Zeichnern. Da die jungen Russen kaum praktische Erfahrungen hätten, müssten sie fast alles selbst machen. Er arbeite hauptsächlich mit Frauen zusammen, da er gemerkt habe, dass sie viel sorgfältiger und fleißiger seien als die Männer und dabei viel weniger eingebildet. Stam sei nun mit Frau und Kind nach Magnitogorsk übergesiedelt, um den Aufbau vor Ort zu steuern. »Dort kann er«, so Schmidt maliziös, »seine zweifellose Energie am besten auswirken, während das Zusammenarbeiten hier auf dem Büro mit ihm nicht leicht war.«[27]

Doch Stams große Energie nutzte ihm in Magnitogorsk nicht eben viel, denn das Leben an der Aufbaufront war hart, wie seine Ehefrau Leni Ilse May im Juni 1931 nach Moskau berichtete. Sie lebten mit zwei

Bauhaus-Ausstellung in Moskau: Hannes Meyer mit Besuchern

weiteren Familien zusammen und kochten meist selbst. Die Speisehalle sei ihnen zu teuer, da sie noch kein Gehalt und keine Kommandirowka-Zulage erhalten hätten. Es gebe kaum Eier und Milch, nur gelbe Rüben und Salat. Sie wohnten im Amerikansky-Bezirk, der Wohnsiedlung der für den Aufbau der Industriewerke zuständigen Amerikaner, und führen nur ungern in die Stadt, über der die Staubwolken wie Nebelschwaden hingen. Mit der Arbeit gehe es so einigermaßen, auch wenn es immense Schwierigkeiten gebe, aber wo gebe es die nicht, wenn eine große Arbeit getan werden müsse; auch der Panamakanal sei wohl nicht ohne graue Haare entstanden. Man müsse zäh sein und auch einmal auf den Tisch hauen, ohne allerdings westeuropäische Maßstäbe anzulegen, da man hier nur mit den Mitteln arbeiten könne, welche gerade vorhanden seien. Doch Stam sei krank und obwohl er kaum gehen könne, werde ihm kein Auto zur Verfügung gestellt. Zwei Wochen später wurde Leni Stam deutlicher: »Unterdessen hat sich die Lage der Lebensverhältnisse ziemlich verschlechtert.«[28]

Aus Moskau dagegen wusste Ilse May der Mutter nach Deutschland nur Gutes zu berichten. Sie wollte sie wohl nicht beunruhigen und musste davon ausgehen, dass ihre Briefe von der GPU, der sowjetischen Geheimpolizei, gelesen wurden. Mithilfe eines Hausmädchens kochten sie inzwischen für sich selbst, da die Gemeinschaftsküche durch den großen Zuzug neuer Deutscher in ihrem Haus zu klein geworden sei. Die Mutter brauche keine Päckchen mehr zu schicken. Sie bekämen hier jetzt fast alles, auch die ersten grünen Zitronen aus der Krim seien schon da.

Es scheine, so Ilse May, hier allgemein aufwärts zu gehen. Moskau habe sich seit dem letzten Winter sehr verändert. Überall seien die verfallen aussehenden Häuser frisch gestrichen oder abgerissen worden. Die Läden machten nicht mehr einen so traurigen Eindruck wie bei ihrer Ankunft. Es gebe fast alles zu kaufen, wenn auch nicht in der Qualität, wie man es in Deutschland gewöhnt sei, und recht teuer. Die langen Schlangen vor den Geschäften seien fast verschwunden. Dies sei doch eine ganz erfreuliche Entwicklung, bedenke man die Lage in Deutschland, die, wie sie aus Berlin gehört habe, bedrückend sei: die Gehälter um 20 Prozent gekürzt und 90 Prozent aller Architekten bald ohne Arbeit.

Ilse May hatte recht gehört. Die Lage verschlechterte sich in Deutschland von Tag zu Tag. Immer neue Architekten zogen nun in die Fremde, nach China, Argentinien, Südafrika, in die Türkei, vor allem aber in die Sowjetunion. Zu ihnen gehörte Kurt Liebknecht, der Neffe Karl Liebknechts, der in Berlin bei Hans Poelzig studiert und bis Ende Januar 1931 in dessen Büro gearbeitet hatte. Mit finanzieller Hilfe der Eltern war es ihm danach gelungen, in der Preußischen Bau- und Finanzdirektion ein Examen als Regierungsbaumeister abzulegen und als Bauführer zu arbeiten. Als er nach sechsmonatiger unbezahlter Tätigkeit erneut ohne Arbeit dastand, beschloss er, inzwischen verheiratet, in die Sowjetunion auszuwandern.

Da Ernst May, um die Flut der Anfragen einzudämmen, in der *Bauwelt* eine Notiz veröffentlicht hatte, dass er keine neuen Mitarbeiter benötige, verhandelte Liebknecht direkt mit der sowjetischen Handelsvertretung in Berlin und erhielt einen Arbeitsvertrag, der ihm für zwei Jahre ein monatliches Gehalt von 600 Rubel ohne Valuta zusicherte. »Natürlich war das kein leichter Entschluss. Ich hatte schon oft gehört, dass die Lebensverhältnisse wesentlich einfacher seien als die in Deutschland gewohnten. Aber ich war voller Erwartung, was auf mich zukommen würde, und auch meine Eltern bestärkten mich in meinem Vorhaben, zumal die faschistischen Horden immer mehr das öffentliche Leben in meiner Heimat bestimmten.«[29]

Liebknecht kam im August 1931 mit seiner schwangeren Frau nach Moskau und wurde in der Minin-Herberge untergebracht, in der vorwiegend deutsche Architekten wohnten, die nach der Gruppe May und der Bauhausbrigade ins Land gekommen waren. Zunächst der Krankenhaus-Bauabteilung unter May zugeteilt, wechselte Liebknecht ein Jahr später in eine Kommission des Volkskommissariats für Gesundheitswesen, die für die Entwicklung von Typenprojekten zuständig war. Liebknecht wusste sich in die sowjetischen Verhältnisse von Anfang an gut einzufinden. Wenige Monate nach seiner Ankunft wurde er Mitglied der sowjetischen Bauarbeitergewerkschaft, dann Betriebsrat und Leiter der Ausländerabteilung. Bald konnte er mit seiner kleinen Familie – er war Vater einer Tochter geworden – zwei Zimmer in dem Neubau beziehen, in dem auch May und seine Mitarbeiter wohnten.

Liebknechts Arbeitsvertrag zeigt, dass die Sowjets angesichts der schwierigen Wirtschaftslage im Westen keine Valuta als Lockmittel mehr einsetzen mussten, um weitere deutsche Spezialisten ins Land zu ziehen. Von den bereits im Land lebenden Ausländern forderten sie nun ebenfalls, auf ihre Privilegien zu verzichten und zu den gleichen Bedingungen wie die sowjetischen Kollegen zu arbeiten. Als diese aber merkten, was das bedeutete, war es bei vielen mit dem Enthusiasmus für den sozialistischen Aufbau vorbei. Sie kehrten nach Hause zurück, da sie erkannten, dass sie in ihrer Heimat selbst als Arbeitslose besser leben konnten als unter den neuen Bedingungen in der Sowjetunion.

Für alle, die blieben, entfiel fortan die Sonderversorgung, sie bekamen nur noch die für Sowjetbürger gültigen Bezugskarten. Ihre Löhne wurden wie die der Russen trotz steigender Lebenshaltungskosten und sinkender Kaufkraft des Rubels gekürzt. Nur wer noch über Ersparnisse oder Besitztümer verfügte, konnte in den neu eröffneten freien und betrieblichen Verkaufsstellen notwendige Lebensmittel einkaufen oder in den *Torgsin*-Läden, in denen mit Gold, Silber oder Devisen bezahlt werden musste, alles erwerben, was es in den staatlichen Läden nicht mehr gab, und zwar zu einem recht geringen Preis. Das Gemeine war, so Derendinger, der Augenzeuge, »dass man das entwertete Sowjetgeld als vollwertig verdienen und annehmen musste, während es die Sowjetregierung nur zu seinem wirklichen oder fast ganz entwerteten Wert wieder zurücknahm, und dass man mit ihm im *Torgsin* überhaupt nichts kaufen konnte«.[30]

Während die meisten Ausländer nun wie die einfachen Sowjetbürger darbten, erhielten die leitenden Bürokraten und Bolschewiki hohe Gehälter, Dienstautos, Kuraufenthalte, Datschen und großzügige Stadtwohnungen, Dienstpersonal, ausgezeichnete medizinische Betreuung, Lebensmittel und Industriewaren im Überfluss. Im Sommer 1931 hielt Stalin seine Rede gegen die Gleichmacherei, in der er die Einführung unterschiedlicher Lohn- und Gehaltsniveaus ankündigte, um die Sowjetbürger zu höherer Leistung und Qualifizierung zu motivieren.

Die ersten Umsetzungen der neuen Doktrin zeigten sich bald, etwa im Speisesaal des Hotel Lux, wie Margarete Buber-Neumann, Ehefrau von Heinz Neumann, Mitglied des Politbüros der KPD, berichtet: »Eines Tages hatte man den hinteren Teil des Speisesaals mit einem großen Vorhang abgeteilt, und die staunenden Kominternangestellten erfuhren, dass von jetzt ab die Funktionäre mit ›höherer‹ Verantwortung ihre wesentlich besseren Mahlzeiten hinter dem Vorhang einnehmen würden, während das Gros der kleineren Angestellten, der Arbeiter und Hausfrauen noch primitiver und kärglicher als bisher außerhalb dieses Bereiches beköstigt würde.«[31]

Die Moskauer wurden nun aufgefordert, selbst dem Mangel abzuhelfen und Lebensmittel zu erzeugen. In Betrieben und auf heimischen Balkonen sollten Kaninchen und in den Kellern Champignons gezüchtet werden. Hunger und Not wurden in den Tageszeitungen *Iswestija* und *Prawda* mit keinem Wort erwähnt. Sie berichteten ausschließlich vom unaufhaltsamen Fortschritt Sowjetrusslands in eine strahlende Zukunft. Fortschritt war das Wort der Stunde. Welcher Art dieser Fortschritt sei, darüber kursierte in Moskau unter der Hand ein Witz: Auf der Silvesterfeier alter Bolschewiki im Jahre 1931 sei Nikolai Bucharin aufgestanden und habe folgende Festrede gehalten: »Genossen! Soeben haben wir das Jahr 1931 beendet! Nun aber hat das Jahr 1932 begonnen! Genossen, ich frage euch, ist das nicht ein Fortschritt!?«

Boris Iofan; Palast der Sowjets, Moskau, Stand 1934

1932–33 / Russisches Ränkespiel

Das Jahr 1932 hatte kaum begonnen, da zeigte sich, dass Ernst May, vor kurzem erst als Hoffnungsträger ins Land gerufen, bereits einen schweren Stand hatte, auch wenn er selbst sich auf dem Höhepunkt seiner Macht wähnte. Er war zum technischen Leiter von Standardgorprojekt ernannt worden, zuständig für 20 Städte und 800 Architekten und Ingenieure. Selbst immer unter Hochspannung, überlastet mit tausend Pflichten und Aufgaben, eine dringlicher als die andere, forderte er von sich und den Mitarbeitern vollen Einsatz. »Wer in diesem Hochofentempo die Nerven verliert, wer grübelnde Erwägungen an Stelle entschiedener Taten setzt, ist für die Mitarbeit in diesem Lande nicht zu gebrauchen.«[32]

Der erste Bauabschnitt der neuen Stadt Magnitogorsk wurde gerade fertiggestellt. Trotz unzureichender Mittel war es gelungen, fünfzig einfache Zeilenbauten Frankfurter Prägung, mit Balkonen und in verschiedenen Farben gestrichen, zu errichten, ergänzt von breiten Straßen mit Bürgersteigen und Baumreihen und Plätzen mit Springbrunnen. Während May und seine Mitarbeiter stolz auf das unter schwierigsten Bedingungen entstandene Stück Stadt waren, fanden die Sowjets, dass die Bauten etwas dürftig aussähen, wie sie so in langen Reihen gleich Militärbaracken herumstünden, alle nach demselben Muster gebaut. Die Zeilenbauweise, so meinten sie, reduziere das Wohnen auf die nackte Funktion und werde mit den fensterlosen Querseiten zur Straße deren Bedeutung als Aufmarschfläche für die Massen und als Boulevard für die Arbeiterflaneure nicht gerecht. Das in Magnitogorsk praktizierte Neue Bauen verdanke sich ganz offensichtlich dem dekadenten System des Kapitalismus und eigne sich nicht für den sozialistischen Menschen, der auf ein Leben in Schönheit nicht verzichten wolle.

May ließ sich zwar durch die Kritik nicht beirren, aber es gelang ihm auch nicht, sich wirksam gegen die Kritiker zur Wehr zu setzen. Er durchblickte weder das Ränkespiel der russischen Kollegen, noch verstand er die russische Mentalität, die komplizierten Machtstrukturen und bürokratischen Abläufe. Er fühlte sich zu Unrecht angeklagt, schlechte Arbeit geleistet zu haben, und reagierte, was die Russen noch mehr gegen ihn aufbringen musste, mit Gegenvorwürfen statt mit Selbstkritik. Die Wohn- und Arbeitsverhältnisse seien in der Sowjetunion völlig unzulänglich, die Überwachung durch die Dolmetscher und die russischen Kollegen kaum zu ertragen, die Arbeitsbedingungen überhaupt unzumutbar. »So werden sich dem Ausländer gelegentlich die Haare sträuben, wenn er sieht, wie die Arbeitskräfte in primitiven Sälen zusammengepfercht arbeiten, sich oft bei der geringsten Bewegung störend. Sie werden verzweifeln, wenn das Telefon in einer Hochperiode dringendster Arbeit acht Tage lang wegen Reparatur stillgelegt wird, wenn es an Heftklammern und -maschinen fehlt.«[33]

Trotz der heftigen Kritik wurden May immer neue Aufgaben übertragen. Zur Planung der neuen Industriestädte kam der Entwurf eines Generalbebauungsplans für Moskau, zu dem er und andere Architekten vom Moskauer Stadtsowjet im November 1931 aufgefordert wurden. Aus der noch weitgehend dörflich wirkenden Stadt sollte eine imperiale Hauptstadt geformt werden, für deren Aus- und Umbau man in den kommenden Jahren 25 Prozent des sowjetischen Bruttosozialproduktes einsetzen wollte. Für 1931 war die Errichtung von 400 neuen Wohnhäusern mit 530 000 Quadratmetern Wohnfläche für 100 000 Personen vorgesehen, für die folgenden drei Jahre Wohnraum für eine halbe Million, dazu der Bau einer Metrolinie, die Verbreiterung und Asphaltierung der Straßen, die Verbesserung der Kanalisation, der Wasserversorgung, der Stadtreinigung und der Aufbau eines Fernheizsystems.

Mit den Entwürfen für die sogenannte Rekonstruktion der Hauptstadt wurden sieben Brigaden unter der Leitung bekannter sowjetischer und ausländischer Architekten betraut, unter ihnen neben Ernst May und Hannes Meyer auch Kurt Meyer, der ehemalige Stadtbaumeister von Köln, der im Oktober 1930 nach Moskau gekommen war. Kurt Meyer hatte sich zuvor um den vakanten Posten des Kölner Stadtbaudirektors beworben und sich, als der Oberbürgermeister Konrad Adenauer von ihm verlangte, im Falle einer Berufung jede Arbeit für die KPD, deren Mitglied er seit 1919 war, niederzulegen, an das Zentralkomitee der Partei in Berlin um Rat gewandt. Die Partei empfahl ihm, sich in Köln für zwei Jahre beurlauben zu lassen und einem Ruf in die Sowjetunion zu folgen. Kurt Meyer kam mit Frau und Sohn, bezog eine eigene Wohnung mit Haushälterin auf der Leninskaja Sloboda und arbeitete an ersten Entwürfen für das neue Moskau.

Jede der sieben Brigaden hoffte, den in der Sowjetunion herrschenden erbitterten Kampf zwischen den alten und neuen Stadtbauideologien – Block-, Band- und Trabantenstadt – für sich entscheiden zu können. Optimistisch verkündete May in einer Rede vor begeisterten jungen Architekten in Berlin 1931: »Die elementaren Erkenntnisse moderner städtebaulicher Planung, die sich in Westeuropa in den letzten Jahren durchgesetzt haben und noch durchzusetzen im Begriffe sind, bilden auch in der UdSSR das Alphabet der Planung.«[34] Eine Fehleinschätzung, wie er bald erfahren sollte, denn die Kampagne gegen die ausländischen Architekten und ihre Konzepte hatte gerade erst begonnen, und der fachlichen Kritik folgten bald die ersten persönlichen Angriffe.

Im Februar 1932 berichtete May dem deutschen Botschafter in Moskau, dass die Russen die vertraglich vereinbarten Valutazahlungen nicht weiter leisten wollten. Die Trustleiter hätten gedroht, den Vertrag offiziell mit der Begründung zu kündigen, er habe die in ihn gesetzten Erwartungen nicht erfüllt. Außerdem hätten sie ihn darauf hingewiesen, dass neuerdings selbst bekannte deutsche Architekten auf Valutazahlungen verzichteten. Der Botschafter konnte nicht helfen, und so stimmte May, um der angedrohten Rufschädigung zu entgehen, einer Reduzierung seiner Bezüge auf 500 Dollar und 3000 Rubel zu. Allerdings habe er, so gestand May dem Botschafter, jede Lust an einer Weiterarbeit verloren. Am liebsten wäre ihm, wenn die Sowjets ihn für ein halbes Jahr ausbezahlten, er würde das Land dann sofort und für immer verlassen. Doch May blieb, und die Angriffe gingen weiter. Um ihn und seine hochdotierte Gruppe weiter zu diskreditieren und den Gruppenzusammenhalt aufzubrechen, wurden einige seiner Mitarbeiter wegen angeblich mangelhafter Arbeitsleistung fristlos entlassen.

Wie May glaubte auch Schwagenscheidt, dass ihre Arbeit zu Unrecht kritisiert werde. Wer hier überhaupt etwas leiste, werde angegriffen und müsse sich verantworten, warum und wie er etwas gemacht habe, alle würden zu gerne die Rolle des anklagenden Staatsanwaltes übernehmen. Als Schwagenscheidt bei einem Besuch in Magnitogorsk allerdings sah, was bei der vielen Arbeit herausgekommen war, schien es ihm, als hätten sie, froh, nun endlich »sachlich« bauen zu können, zu viel des Guten getan, indem sie in eine äußerste Nüchternheit verfallen seien. Schwagenscheidt fand in Magnitogorsk vierstöckige Bauten ohne innere Trennwände, in denen dicht an dicht Hunderte von Menschen hinter Bretterverschlägen wohnten. Alle Etagen waren ohne Wasserleitung, die Klosetts standen vor dem Haus neben der Straße, die nur aus festgetretenem Erdreich bestand. Von außen, so konstatierte er, seien es zwar Häuser gewesen, von innen aber nur wenig mehr als Barackenlager. »Das Ergebnis einer fast 2-jährigen Tätigkeit einer Gruppe von Architekten, von der man doch immerhin sagen kann, dass sie anderswo schon Beachtliches geleistet hatte, mit einem riesigen russischen Apparat, ist geradezu niederschmetternd. An Menge ist es so wenig, wie eine mittlere Baufirma in Deutschland mit einigen Technikern in einem

Bausommer hinstellt und an schlechter Qualität ist es mit Nichts in Deutschland vergleichbar.«[35]

Schwagenscheidt erkannte, dass die für die neuen Industriestädte derzeit geeignetste Bauform die Baracke war, wie sie landauf landab massenhaft und ungeplant entstand, zumindest solange Material und Kraft allein auf den Industriebau konzentriert wurden und die meisten Sowjetbürger auf einer so niedrigen Kulturstufe standen, dass sie in den neuen, mehrstöckigen Bauten gar nicht zu wohnen wussten. Im stillen Kämmerchen entwickelte er daher das Konzept einer wachsenden Stadt aus einstöckigen typisierten Baracken, die Schritt für Schritt ausgebaut werden konnten. Bald suchte er, bewaffnet mit einer 13 Meter langen Planrolle, auf der er die Prinzipien der wachsenden Stadt aufgezeichnet hatte, die rechte Hand des Volkskommissars auf, um seinen Vorschlag zu präsentieren, auch wenn er fürchtete, in Misskredit zu geraten und abgeschoben zu werden. Der Funktionär lobte jedoch seine Eigeninitiative und erlaubte ihm, das Projekt der Barackenstadt mit einer Arbeitsgruppe weiterzuverfolgen.

Auch Schütte-Lihotzky, die einen Monat lang die Bauarbeiten der Kinderkrippe für das erste Wohnquartal in Magnitogorsk überwachte, war bei ihrer Ankunft schnell ernüchtert. Die neu erbauten Wohnhäuser hätten zwar Frankfurter Flair, seien aber deutlich schlechter gebaut. Sie seien von Kirgisenmädchen aufgemauert worden, die sechs Wochen vorher noch in der Steppe nomadisiert hätten. »Diese sechs Wochen – das war die Zeit ihrer ›Berufsausbildung‹. Und auch der Polier war ein Kirgise, der kein Wort Russisch sprach. Dass die Bauausführung dann oft nicht nur um fünf Zentimeter, sondern auch um zehn Zentimeter vom Projekt abwich, war da ganz verständlich.«[36]

Wie schlecht die neuen Wohnhäuser gebaut waren und wie wenig sie den Bedürfnissen der Menschen vor Ort entsprachen, zeigte sich auch in Saporoschje am neuen Dnjepr-Staudamm, wo wie in Magnitogorsk für die Arbeiter des neuen Wasserkraftwerks und der Turbinenhalle neue Wohnungen nach den Plänen der Gruppe May entstanden waren. Margarete Buber-Neumann, die mit ihrem Mann und anderen Funktionären zur Einweihung des Kraftwerks im Spätsommer 1932 aus Moskau anreiste, war verblüfft: »Mitten in der Steppe standen unvermittelt einige Reihen blendendweißer zwei- und dreistöckiger Häuser, die sich in schönem Schwung um einen großen Platz gruppierten, auf dem verdorrtes Gras stand. Nirgendwo war ein Baum oder ein Strauch zu sehen oder auch nur der schwache Versuch, sich des Bodens anzunehmen. Alles hätte man eher in dieser öden Landschaft erwartet, nur nicht diese schönen Häuser mit den flachen Dächern, bei deren Anblick man unwillkürlich die Nähe einer Großstadt vermutete und Gärten und einen nahen Wald erwartete. Man sah, hier wohnten Menschen, denen jede Voraussetzung zum Leben in solchen Häusern fehlte. Aus den Fenstern ragten Ofenröhren, deren Ruß die Häuserwände bis hinauf zum Dach geschwärzt hatte, überall lagen Abfälle herum.«[37]

Von früher Verwahrlosung zeugte auch das neu errichtete Hotel, in dem die Moskauer Delegation untergebracht war. Die Zimmertüren schlossen nicht und die Fenster klafften, weil sich das Holz verzogen hatte. Zur Verwahrlosung gesellte sich der Kitsch in Gestalt zahlreicher Chrysanthemen, die mit rosa und lila Papierschleifen verziert waren. So blieb den Gästen vor allem, die Tatsache zu bewundern, dass überhaupt Menschen in dieser öden Steppe längs den Stromschnellen des Dnjepr lebten. Die Einweihung selbst fand mit einem großen Aufgebot an Fahnen und Musikkapellen unterhalb der gigantischen Staumauer statt, die den Wasserstand des Dnjepr um 40 Meter hob. Sirenen ertönten, Böllerschüsse knallten, lange Reden, gespickt mit Lenin- und Stalinzitaten, wurden gehalten. Für die Gäste aus Moskau fand am Abend noch eine Feier im Salonwagen des Volkskommissars statt, der auf einem Nebengleis des Bahnhofs abgestellt war. Auch in ihm entfalteten, so Buber-Neumann, verwahrloste dunkelrote Troddeln an Fenstergardinen und samtenen Sesseln ihre niederschmetternde Wirkung.

Ernüchterung machte sich unter den deutschen Architekten breit angesichts der baulichen Realität vor Ort. Hinzu kamen die Versorgungsengpässe, die auch die Ausländer immer stärker zu spüren bekamen. Wer konnte, gönnte sich eine kleine Auszeit und reiste in die Heimat oder ins europäische Ausland. Püschel besuchte 1932 seine Mutter und kehrte nach einigen Wochen mit der Zusage seiner Freundin Lieselotte Floß zurück, ihm bald nach Moskau zu folgen und seine Frau zu werden. Hans und Lili Schmidt fuhren im November 1932 nach Skandinavien, die Tochter Madleen ließen sie bei Freunden in Moskau zurück. Sie besuchten die Kollegen Alvar Aalto in Finnland und Gunnar Asplund in Schweden und aßen sich einmal wieder richtig satt. Schmidt hielt Vorträge und verfasste Artikel gegen Valuta, die er in lang entbehrte Dinge des täglichen Gebrauchs investierte, und schrieb dem Bruder: Vielleicht sollte er die Gelegenheit fehlender Zensur nutzen und ungeschminkt alles Negative aus der Sowjetunion berichten, doch ihm falle rein gar nichts ein. Im Vergleich mit der Lage in den skandinavischen Ländern, wo Bankdirektoren Oswald Spengler läsen und Malermeister vom Sozialismus träumten, ziehe er das Leben in der Sowjetunion doch bei weitem vor, auch wenn es nicht leicht sei und man es sich mit der ganzen Lebensmittel- und Preispolitik richtig vermasselt habe. »Schade dass die Russen noch nicht so gute Organisatoren sind wie die Schweden und Finnen, deren Kooperativen schon einen großen Schritt zur Mechanik (nicht mehr!) des Sozialismus darstellen.«[38]

Auch Hannes Meyer reiste Ende 1932 nach Westen, um seine Töchter in der Schweiz zu besuchen und Vorträge zu halten. Die Vorträge führten ihn nach Kopenhagen, Stockholm, Oslo, Göteborg, Zürich, Basel und in viele deutsche Städte bis hinauf nach Berlin. Meyer wollte den, wie er fand, lügenhaften Berichten einiger aus der Sowjetunion enttäuscht zurückgekehrter Architekten – die meisten seien von den Russen wegen Unfähigkeit fristlos entlassen worden – das wahre Bild des Landes entgegenstellen, das von Wachstum und Fortschritt geprägt sei.

Zwar werde das Wachstum vom Mangel an Arbeitskräften etwas gehemmt, dem stehe aber der mächtige Aufbauwille der Masse gegenüber, die sich in Stoßarbeit und sozialistischem Wettbewerb manifestiere. So habe das Proletariat nicht nur die politische Macht ergriffen, sondern auch den Aufbau in die eigenen Hände genommen. Der Andrang zu Meyers Vorträgen war diesmal noch größer als im Jahr davor. In Basel kamen 1600, in Zürich 1000, in Leipzig 800 Zuhörer.

Die Machtergreifung der Nationalsozialisten am 30. Januar 1933 ließ Meyer an eine baldige Rückkehr denken. Seine Lage als »Ausländer aus Moskau«, so schrieb er Lena, werde immer brenzliger, doch habe er noch kein Rückreisevisum ausgestellt bekommen. Erst am 19. Februar konnte Meyer nach Moskau zurück. Nicht lange danach verzichtete er auf weitere Valutazahlungen und veröffentlichte in der Zeitschrift *Architektura SSSR* das *Reisetagebuch eines Architekten* mit düsteren Schilderungen der westlichen Zustände. Während seiner Reise durch sechzehn europäische Großstädte habe er die große Wohnungsnot der zunehmend verarmenden Arbeitermassen beobachten können, eine der auffallendsten Auswirkungen der Weltwirtschaftskrise. Sie wohnten in Kellern, in Hinterhofhäusern und Baracken an den Rändern der Städte. Die kapitalistische Architektur sterbe, so Meyer, die Erdhöhlen und Lehmbaracken der sowjetischen Proletarier erfolgreich ausblendend, an den Widersprüchen ihres gesellschaftlichen Aufbaus.

Ernst May hatte zu seiner Unterstützung Anfang 1932 den erfahrenen Kollegen Fred Forbat nach Moskau geholt; er sollte Mart Stam in Magnitogorsk ersetzen. Forbat hatte in Budapest und München Architektur studiert und im Baubüro Gropius und als sein Assistent am Bauhaus in Weimar gearbeitet. Später nahm er die deutsche Staatsbürgerschaft an und machte sich in Berlin als Architekt selbständig. Die von ihm gebauten Berliner Siedlungen Siemensstadt und Haselhorst ließen ihn bald zum Ziel persönlicher Angriffe rechtsgerichteter Kreise werden. Eine

Gruppe, die sich *Nationale Architekten* nannte, protestierte in einem öffentlichen Schreiben an den Stadtbaurat Martin Wagner dagegen, dass ein früherer Ungar, noch dazu ein Jude, von der Stadt große Aufträge erhalte. Wagner, der Forbat protegierte, beantwortete den Brief nicht, denn er war selbst in eine schwierige Lage geraten, da er ohne Zustimmung des Magistrats auf Einladung Mays eine Studienreise in die Sowjetunion unternommen hatte.

Als Forbat erkannte, dass seine Zeit in Deutschland abgelaufen war, suchte er einen neuen Wirkungsort. Er wollte es in der Sowjetunion versuchen und ließ sich von May nicht schrecken, der ihn vor der Größe der Aufgabe warnte, die in Magnitogorsk auf ihn warte. »Sie müssen sich darauf gefasst machen, dass es hier wegen der Primitivität der Verhältnisse außerordentlich schwierig ist zu arbeiten und dass Sie mit größter Zähigkeit und Energie zahlreiche Hindernisse auf materiellem und geistigem Gebiete werden wegräumen müssen. Auch die äußeren Lebensverhältnisse sind bescheiden und als koloniale anzusprechen. Sie werden ihre Hauptbefriedigung in einer hingebungsvollen, systematisch und klug organisierten Arbeit finden müssen. Ich schreibe Ihnen dies, weil schwächere Naturen den Verhältnissen der UdSSR leicht unterliegen.«[39]

Forbat hielt sich für stark genug und unterschrieb einen Einjahresvertrag, der ihm ein monatliches Gehalt von 1200 Rubel ohne Valuta und die Unterbringung in einer Gemeinschaftswohnung zusicherte. Arbeitsbeginn war innerhalb von zwei Wochen nach Vertragsabschluss. Auch Forbat bestürmten, nachdem sie von seiner Berufung gehört hatten, zahlreiche Kollegen, die unbedingt mitkommen wollten. Er stellte eine Liste von Personen auf, die dafür in Frage kamen, und hinterlegte sie bei der sowjetischen Handelsvertretung in Berlin, um sie bei Bedarf abrufen zu können.

Am 5. Februar 1932 traf er mit Ehefrau Lili in Moskau ein. Sie wurden im Grandhotel Europa untergebracht und bewohnten ein schön möbliertes Zimmer mit einem Schlafalkoven. »Hier wohnten hauptsächlich ausländische Delegationen, und wir sahen, wie die schweren Schüsseln mit luxuriösen Gerichten in den Speisesaal getragen wurden, während wir bald erfuhren, dass man sogar in unseren gut versehenen Läden für ausländische Spezialisten kein Ei und oft keine Butter auftreiben konnte und dass unsere russischen Kollegen hungerten. So meldeten sich allzubald die ersten Fragezeichen.«[40]

Da sich Mart Stam trotz gegenteiliger Berichte noch immer in Magnitogorsk befand, wurde Forbat vorerst in Moskau eingesetzt. Im Büro von Standardgorprojekt traf er zu seiner großen Überraschung Hannes Meyer, der damals ebenfalls für den Städtebautrust arbeitete, ohne seine Schüler und mit nicht ganz klarer Bestimmung. Forbat gelang es nicht, Kontakt mit ihm aufzunehmen, denn Meyer sprach ausschließlich mit Russen und den Mitgliedern der deutschen Parteizelle und grüßte Forbat nur mit guten Tag.

Forbats erste Aufgabe bei Standardgorprojekt war die Erstellung eines Generalbebauungsplans für die Stadt Karaganda in Kasachstan, der bereits am 5. April fertig sein sollte. Mit seiner Brigade arbeitete er die freien Tage durch und alle Abende bis spät in die Nacht an den Entwürfen für eine neue Stadt für 200 000 Einwohner mit Zentrum, Kultureinrichtungen, Rotem Platz, Aufmarschstraßen und Wohnquartalen für je 7000 Einwohner, die sich um die Schulen gruppierten. Forbat versuchte, das strenge Zeilenschema der Wohnbauten durch Querflügel aufzulösen und die Quartale unterschiedlich auszubilden. Sein Entwurf gefiel. Er wurde bei den Feiern zum 1. Mai öffentlich prämiert und bekam eine freigewordene Wohnung im Haus der May-Mitarbeiter zugeteilt. »Nachdem die Prämierung verkündet wurde, traf ich Hannes Meyer; er grüßte mich und gab mir sogar die Hand.«[41]

Die Forbats teilten sich die Wohnung mit dem Ehepaar Schütte und genossen die freundschaftliche Atmosphäre. Lili führte den gemeinsamen Haushalt und erledigte Schreibarbeiten für May. Forbat übernahm nun provisorisch die Aufgaben des Kollegen und May-Mitarbeiters Eugen Carl Kaufmann für Makeevka im Donbass, da dieser von den Sowjets mit fadenscheiniger Begründung fristlos entlassen worden war. Er halte die Entlassung Kaufmanns, schrieb Forbat Martin Wagner nach Berlin, für das Symptom einer bedenklichen Entwicklung. Überhaupt hätten sich die Schwierigkeiten der Arbeit seit seinem Hiersein zumindest verdoppelt, wenn nicht verdreifacht. Vor allem der immer stärker werdende bürokratische Leerlauf behindere ein koordiniertes Arbeiten.

Forbat, in sozialistischen Verfahrensweisen noch unerfahren, wusste nicht, dass das Ende der Kritik bereits eingeläutet war, und beschwerte sich beim Leiter des Trusts über die Behandlung der deutschen Architekten: Bauten und Entwürfe würden wegen mangelnder Qualität abgelehnt, obwohl sie gut seien und lediglich einer anderen Auffassung von Gestaltung entsprächen. Viele der zu Recht beklagten Missstände entstünden vor allem aus der riesigen Kluft zwischen den theoretischen Forderungen der Trustleitung und den Möglichkeiten der praktischen Durchführung vor Ort. Auch besäßen die planenden ausländischen Architekten auf den Baustellen keine Befugnisse, sondern seien nur als stille Beobachter geduldet. Aus diesen Misslichkeiten und nicht aus fachlichem Versagen resultiere die oft mangelhafte Bauleistung.

Dem noch immer in Berlin weilenden Gropius berichtete Forbat, dass May bereits stark an Einfluss verloren habe, eine Einschätzung, die dieser umgehend Sigfried Giedion mitteilte, dem Generalsekretär der Internationalen Kongresse Moderner Architektur, kurz CIAM, dem Kampfverband des Neuen Bauens: Forbat schreibe, dass sie sich in Berlin über den Einfluss von May grundlegend falsche Vorstellungen machten, die dieser selbst genährt habe. Wenn Möglichkeiten vorhanden gewesen seien, sich diesen Einfluss zu verschaffen, habe May versäumt, sie zu nutzen. May habe weder eine enge Fühlung mit den Russen, mit denen er zusammenarbeite, noch mit den eigenen Mitarbeitern, die ihm ins Land gefolgt seien. Die Lage sei desolat. Es tobten im Hintergrund Kämpfe, über die er gar nicht im Bilde sei.

Im Juli 1932 wurde Stam schließlich mit seiner Brigade nach Makeevka versetzt und Forbat nach Magnitogorsk. Doch zuvor machte Forbat erst einmal Urlaub in Berlin, wo er Gropius und Wagner wohl noch so manches zu erzählen hatte. Er überlegte gerade, ob Lili nicht besser in Deutschland bleiben sollte, als May, der mit dem Leiter von Standardgorprojekt nach Magnitogorsk gefahren und erkrankt war, ihn per Telegramm zu sich rief. Anfang Oktober traf Forbat vor Ort ein. »Wir wohnten alle in der Bürobaracke inmitten der Steppe, denn in der Wohnbaracke der örtlichen Gruppe von Standardgorprojekt war kein Platz frei. Ich stellte mein Bett in die Ecke eines Raumes, in dessen Mitte ein großer unbrauchbarer Lichtpausapparat stand. In der anderen Ecke stand ein Schrank, in dessen Schubkästen drei verschiedene Sorten Mäuse wohnten. In eine dritte Ecke stellten wir noch ein Bett für meine Frau, als sie eine Woche später nachkam, um für May und mich das Essen zu kochen und Schreibmaschine zu schreiben.«[42]

Trotz der widrigen Umstände arbeiteten May und Forbat wieder einmal Tag und Nacht, um den bisherigen Generalbebauungsplan Stams, der von der Kommission stark kritisiert worden war, zu überarbeiten. Sie lockerten die streng nach Norden und Süden ausgerichteten Zeilen durch angefügte Querflügel und dazwischen gestreute Einzelbauten auf und variierten die Höhen und Längen der Häuser. Im Dezember 1932 lag der überarbeitete Plan vor. Die Kommission nahm ihn zwar an, kritisierte aber nach wie vor die architektonische Eintönigkeit und vermisste magistrale Sichtachsen und großformatige Baublöcke.

Forbat durfte am 21. November in die Hauptstadt zurückkehren. Er klappte zusammen, musste sich ins Bett legen und fand endlich Zeit, in Ruhe über die Zukunft nachzudenken und Briefe zu schreiben. Wagner teilte er mit, dass er, so wie die Verhältnisse sich hier entwickelten, nicht glaube, dass er seinen Vertrag verlängern werde. Höchstens werde er

May noch während seines Urlaubs im Frühjahr vertreten. Zu groß seien inzwischen seine Zweifel an den Möglichkeiten konstruktiven Arbeitens in der Sowjetunion.

Vorsorglich kündigte Forbat seinen Vertrag mit Standardgorprojekt, der in einem Vierteljahr auslaufen sollte, um jederzeit gehen oder, sollte er bleiben, unter besseren Bedingungen arbeiten zu können. Die Verhandlungen waren schwierig. Der Trust schlug eine Kürzung des Gehalts vor, Forbat lehnte ab. Schließlich einigte man sich darauf, die bisherigen Bedingungen beizubehalten, wobei Forbat mit Rücksicht auf seine angeschlagene Gesundheit nicht ohne seine vorherige Einwilligung aus Moskau versetzt werden sollte. Er bat sich eine Bedenkzeit von zweieinhalb Monaten aus und unternahm zunächst eine Erholungsreise in den Westen. Danach kehrte er nicht wieder in die Sowjetunion zurück, sondern ließ sich, da eine Berufung an die Technische Hochschule Athen sich nicht realisierte, vorläufig in seiner Heimatstadt Pécs nieder.

Während May und Forbat den zermürbenden Kampf um Magnitogorsk führten, hatte sich Hannes Meyer längst von seiner Stoßbrigade gelöst. Die sieben Bauhäusler blieben bis 1934 bei *Giprowtus*; Meyer aber, noch immer Professor an der Hochschule für Architektur und Bauwesen, war jetzt Chefarchitekt bei Standardgorprojekt, wo Forbat ihn getroffen hatte, und machte gerade eine erstaunliche ideologische Wandlung durch. Der Architekt, so glaubte Meyer nun zu erkennen, sei Teil des Klassenkampfes, und bei der Architektur gebühre der Politik der Vorrang vor der Kunst. Nur so könne eine Baukunst entstehen, die dem Proletariat unmittelbar anschaulich werde. »In dieser proletarischen Baukunst ist das höchstgesteigerte Erlebnis der Arbeitermasse die Spitzenleistung; die Ideologie der Arbeiterklasse, ihr Heroismus und ihr revolutionärer Wille sind die unversiegbaren Quellen dieser Baukunst.«[43]

Es sollte nicht mehr lange dauern, bis Meyer sich vom Neuen Bauen lossagte. Hatte er bislang gefordert, dass die Arbeit des Architekten nicht Ergebnis künstlerischer Phantasie sein dürfe, sondern Folge wissenschaftlicher Analyse sein müsse, begann er sich nun für historische Formen zu erwärmen. Der Wettbewerb für den Sowjetpalast, den der nicht nur historisierende, sondern auch monumentale Entwurf von Boris Iofan gewann hatte ihm klargemacht, wohin die Reise ging. Wer im ideologischen Getriebe überleben wollte, machte sich am besten unsichtbar – für den ehrgeizigen Meyer wohl keine Option – oder bekannte sich rückhaltlos und öffentlich zum neuen Parteigeist.

Andere Vertreter des Neuen Bauens waren nicht wie Meyer gewillt, den neuen sowjetischen Weg gutzuheißen, geschweige denn mitzugehen. Das Vorbereitungskomitee für den geplanten CIAM-Kongress in Moskau protestierte in einem offenen Brief an Stalin gegen die Entscheidung, beim Wettbewerb Sowjetpalast fast nur historisierende Entwürfe zu küren, und forderte eine Rücknahme des Fehlurteils, ohne zu wissen, dass Stalin selbst an der Spitze der Jury gestanden hatte. Hannes Meyer und viele der in der Sowjetunion arbeitenden ausländischen Architekten waren über diese Einmischung entsetzt. Sie sahen ihre Arbeit gefährdet und fürchteten Repressionen. In einem ebenfalls offenen Brief verurteilten sie die Protestnote der CIAM-Kollegen aufs Entschiedenste, da sie eine Brüskierung der einladenden Organisationen und der sowjetischen Öffentlichkeit darstelle, und warnten davor, den Kongress aus Enttäuschung über den Ausgang des Wettbewerbs abzusagen.

Hans Schmidt versuchte Sigfried Giedion, dem Generalsekretär der CIAM, zu erklären, dass die Entscheidung der Jury keineswegs ein Fehlurteil gewesen sei, sondern auf einem Mentalitätswechsel beruhe. Das Neue Bauen habe in der Sowjetunion inzwischen sowohl die Regierung als auch die Masse des Volkes, vor allem aber die Jugend gegen sich. Für sie sei das Neue Bauen, das auf strenge Sachlichkeit setze und Monumentalität und historisierende Ausschmückung ablehne, nur eine dekadente Stilblüte des Kapitalismus, die sich nicht für den Sozialismus eigne. Für sie könne es nicht Ziel des Sozialismus sein, die kulturellen

Werte der Vergangenheit abzulehnen, man müsse sie vielmehr für sich reklamieren und weiterführen. Man müsse, so Schmidt, einfach hoffen, dass die Sowjets eines Tages zur Besinnung kämen. Hierfür könnte der Kongress einen kleinen Beitrag leisten.[44]

Zwar sah es nach dem öffentlichen Schlagabtausch einige Monate lang so aus, als würde der nächste CIAM-Kongress trotz allem in Moskau stattfinden – im März 1933 erschien sogar eine gedruckte Einladungskarte –, doch der gerade aus Leningrad zurückgekehrte Walter Gropius, der wie Mendelsohn am Wettbewerb für den Sowjetpalast teilgenommen hatte, ahnte bereits die Absage. An Giedion schrieb er: »Von Russland bin ich erschüttert. Leid und Hungersnot sind so groß geworden, dass ich keine Lösung dieses schlimmen Zustandes sehe. Die Verhältnisse sind so rapide verschlechtert, dass ich Besorgnis habe, die Russen werden ihre Einladung zurückziehen. Ich habe zwar keine direkten Anlässe, dies zu sagen, aber die ganzen kürzlich herausgegebenen neuen Valutbestimmungen sind so scharf, dass wir gut daran tun, mit einer Absage in letzter Stunde zu rechnen.«[45]

Der Machtwechsel in Deutschland ließ Gropius zudem befürchten, dass die deutschen Mitglieder einem Kongress in Moskau fernbleiben könnten. Eine Ausreise über die östliche Grenze war zwar noch nicht verboten, aber riskant, und so waren wohl alle Beteiligten froh, dass die Russen eine Verschiebung des Kongresses auf das Jahr 1934 forderten und damit dem Komitee einen Ortswechsel ermöglichten. Der Kongress tagte schließlich auf einem Touristendampfer, der von Marseille nach Athen fuhr – und zwar ohne Gropius, der Giedion wissen ließ, dass er derzeit für eine solche Reise nicht genug Geld habe und auch keine Zeit, da er verzweifelt versuche, sein Büro am Leben zu erhalten.

Was den Generalbebauungsplan für Moskau betraf, lief es für die Vertreter des Neuen Bauens ebenfalls nicht gut, wie sich nach Abgabe der Entwürfe im Juni 1932 zeigte. Die Kritik war vernichtend. Der Entwurf der Gruppe May entwickle, so ließ die Kommission verlauten, nicht die vorhandene Stadt weiter, sondern beseitige sie, um sie durch Siedlungen zu ersetzen. Die fehlende Verbindung der Siedlungen untereinander führe zu einer Erschließung über das Zentrum, was dieses verkehrlich überlaste. Die Herangehensweise der Brigade Hannes Meyer sei zu starr und mechanisch und lasse überhaupt eine organische Auffassung von Stadt vermissen. Der Entwurf Kurt Meyers, der den weitgehenden Erhalt des Bestandes und die Erweiterung des historisch gewachsenen radialen Stadtgrundrisses vorsah, ging zwar aus dem Wettbewerb als Sieger hervor, doch auch er sollte hinsichtlich einer höheren Dichte und eines stärker herauszubildenden hauptstädtischen Charakters gründlich überarbeitet werden. Zur weiteren Ausarbeitung wurde die Architektur- und Planungsverwaltung APU geschaffen. Im Oktober 1933 übernahmen die neu gegründeten zwölf Planungswerkstätten des Moskauer Stadtsowjet die Weiterplanung. Kurt Meyer wurde Leiter der Werkstatt Nr. 6, während mit Wladimir Nikolajewitsch Semjonow ein Russe den wichtigsten Part, das Stadtzentrum und die Ufer der Moskwa, übernahm.

Gruppe May: Wohnbauten, Magnitogorsk, 1932

Bruno Taut

1932–33 / Opportunist unter keinen Umständen

Während die Planungen, vor allem für das hauptstädtische Moskau, ins Grandiose getrieben wurden, ließ die Bauausführung Qualität und Nachhaltigkeit vermissen. Die schönen, im Eiltempo erstellten neuen Straßen, berichtet Derendinger, hätten sich bald gesenkt und tiefe Löcher und Risse bekommen. Die neu erstellten großen Fabriken, die von außen imposant ausgesehen hätten und nach der neuesten Technik und nach ausländischen Mustern erstellt worden seien, habe man nur oberflächlich bestaunen dürfen, weil man bei gründlicher Besichtigung dem ganzen Bluff bald auf die Spur gekommen sei. Die neuen Mietskasernen, ausgestattet mit Zentralheizung und Hausverwaltung, hätten ebenfalls recht bald bedenkliche Missstände gezeigt. Türen und Fenster verzogen sich, die Fußböden gingen auseinander, von den Wänden und Decken fielen die Stuckaturen herunter. Zudem hätten die Häuser von außen einen eintönigen Eindruck gemacht, weil sie im Vergleich mit der älteren Bebauung reine Zweckbauten fast ohne architektonische Ausschmückung gewesen seien.

Alles, so Derendinger weiter, habe man nur noch auf Billigkeit und Zweckmäßigkeit ausgerichtet, für Vielseitigkeit und angenehme Abwechslung gar keinen Sinn mehr gehabt. »Aber diese Einförmigkeit und Nüchternheit passte zu allem andern, was das Leben jetzt ebenfalls nicht mehr lebenswert erscheinen ließ. Deshalb sah man jetzt überall nur noch interessenlose, apathische Gesichter und überall hörte man über diese

Zustände nur noch brummen und zuletzt sahen dann schließlich auch die Bolschewiken ein, dass ein Leben ohne Schönheit und ohne Freude nicht mehr lebenswert ist, und dass nicht alles ausschließlich einem rein praktischen Zweck dienen kann.«[46]

Die Bolschewiki hätten nun begonnen, überall im Land auch schöne und solide Bauten errichten zu lassen, aber zu welchem Preis, bedenke man die grausamen Mittel und die zahllosen Menschen, die diese monumentalen Werke in Sklavenarbeit geschaffen hätten. Eine Art Krieg habe in der Sowjetunion geherrscht, in dem die einen sich für die anderen zu opfern hatten. Außer dem Überlebensnotwendigen habe man jetzt kaum mehr etwas kaufen können. Produziert worden sei nur noch, was für die Industrialisierung gebraucht wurde, dem Volk habe die Regierung einen Dreck nachgefragt. »Für die bolschewistischen Regenten existierte das Volk jetzt nur noch zur Erreichung ihrer Pläne, und es hatte nur dafür zu arbeiten, zu gehorchen und im übrigen das Maul zu halten.«[47]

Positiv gestimmt war nur noch, glaubt man Derendinger, wer als Sympathisant oder Kommunist ins Land kam, um anschließend im Westen vom großen Fortschritt des sowjetischen Aufbaus zu berichten. Egon Erwin Kisch, der »rasende Reporter«, ein frühes Mitglied der KPD, besuchte 1932 das Land im Eiltempo und fand alles in bester Ordnung. Aus Moskau, das sich gerade darauf vorbereitete, den 15. Jahrestag der Revolution zu feiern, berichtete er den Genossen nach Deutschland: Überall werde gemalt, gehämmert, gezimmert, genäht. Überall fänden sich Fahnen, fünfzackige Sterne, Bilder, Büsten von Lenin und Stalin. Musikkapellen und Chöre probten, Betriebsgruppen formierten sich. Jeder der großen Moskauer Plätze veranschauliche die Entwicklung eines bestimmten Lebensbereichs von der Zarenzeit bis heute und zeige die Fortschritte in der Leicht- und Schwerindustrie, dem Schul- und Bauwesen, der Kultur. Rednertribünen, Kleinkunstbühnen, Lautsprecher, Scheinwerfer, ein riesiger Traktor, eine überdimensionale Glühbirne, ein Förderturm möblierten die Szene. Staunend gehe der Besucher »durch ein aufleuchtendes, sich schmückendes Moskau, durch die Hauptstadt des Sozialismus, welche den fünfzehnten Jahrestag ihres Sieges feiert. Sie feiert ein Fest, wie es die übrige Welt nicht kennt. Noch nicht.«[48]

Sicher habe es, so Kisch weiter, in den ersten Jahren in der Sowjetunion Schwierigkeiten und Missstände gegeben. Doch nun, 1932, gebe es keinen Hunger mehr, keine leerstehenden Fabriken, keine Analphabeten, keine Arbeitslosen, keine streunenden Kinder. Das alles finde man nur noch im kapitalistischen Westen. Die zahllosen Hilferufe und Bewerbungsbriefe aus aller Welt sprächen eine deutliche Sprache. Viele Ausländer in der Sowjetunion bekämen Briefe von Verwandten und Bekannten, die um Arbeit nachfragten. Ein berühmter Architekt berichte von fünf bis sechs solcher täglich bei ihm einlaufenden Bewerbungen. Die Möglichkeit, Hilfesuchenden aus der ganzen Welt Arbeit und ausreichende Lebensverhältnisse zu gewähren, bestehe jedoch leider noch nicht. Es gebe einfach nicht genügend Wohnungen, obgleich zurzeit nirgendwo so viele Wohnhäuser errichtet würden wie in der Sowjetunion.

Dank solcher Berichte erstrahlte das Bild der Sowjetunion in den Augen der Gläubigen, aber auch der Verzweifelten umso heller, je düsterer die Lage in Deutschland wurde. Nationalsozialistische Studenten hinderten in Berlin jüdische Kommilitonen am Betreten der Hörsäle. Zweihundert SA-Männer sprengten eine Parteiversammlung der KPD. Das Arbeitslosenheer wuchs im Februar 1932 auf 6,1 Millionen, jeder dritte Arbeitnehmer war zeitweise ohne Beschäftigung. In mehreren Großstädten kam es während der Maifeiern zwischen Kommunisten und Nationalsozialisten zu schweren Krawallen. Im Juli starben in Hamburg-Altona bei Straßenkämpfen 18 Menschen. Der Reichstagswahlkampf forderte 86 Opfer. Auch wenn die Zahl der Arbeitslosen im Oktober auf 5,1 Millionen sank, nahm die Armut doch weiter zu, standen in Berlin vor den Bars und Restaurants Schlangen bettelnder Menschen, drückten sich abgerissene Gestalten vor den wohlgefüllten

Schaufenstern die Nase platt, klingelten Männer, Frauen und Kinder an den Haus- und Wohnungstüren, um nach Resten des Mittagessens zu fragen.

Die düstere Lage trieb weitere deutsche Architekten in die Sowjetunion, obwohl kaum einer noch der kommunistischen Propaganda blindlings glaubte und Moskauer Kollegen mit deutlichen Worten warnten. So schrieb El Lissitzkys Frau einem Arbeit suchenden Freund: »Momentan möchte ich Euch nicht raten, hierher zu kommen, weil das tägliche Leben zu verzehrend ist, obwohl man dabei selbst nicht übermäßig viel zu zehren hat.«[49]

In dieser Zeit kam mit Bruno Taut einer der wichtigsten Vertreter des Neuen Bauens, ein Sympathisant der Arbeiterbewegung, der seit 1926 schon mehrfach in die Sowjetunion gereist war, um Vorträge zu halten und den Moskauer Stadtsowjet in Wohnungsbaufragen zu beraten. 1930 hatte er einen Bebauungsplan für die Siedlung Sokolnaja bei Moskau erstellt, 1931 am Wettbewerb für ein großes Hotel am Swerdlowplatz teilgenommen. Als ihm für dessen Bearbeitung vor Ort ein Büro zur Verfügung gestellt wurde, griff er zu und pendelte zwischen Berlin und Moskau hin und her, bis der Volkskommissar für Bildung ihm anbot, ganz oder für längere Zeit in die Sowjetunion zu kommen, um bei den wichtigsten Bauvorhaben Moskaus mitzuarbeiten. Taut, der in Deutschland so gut wie keine Aufträge mehr hatte, nahm an und übersiedelte im März 1932. Auch er gab seine Berufung öffentlich bekannt. Von den zwanzig Architekten, die er, mit einer Vorschlagsliste von achtzig weiteren in der Tasche, ausgewählt aus zweitausend Bewerbern, mitnehmen wollte, begleitete ihn zunächst nur Josef Neufeld, der aus Galizien stammte und fließend Russisch sprach.

Bevor Taut Berlin verließ, lud er Schüler und Mitarbeiter zum Abschied in sein Haus in Dahlewitz ein. Nach einem Rundgang durch Haus und Garten hörten Gastgeber und Gäste Plattenaufnahmen der Lieblingssätze Tauts aus den Brandenburgischen Konzerten und der Internationalen. »Wir waren glücklich«, so erinnerte sich einer der Anwesenden, der junge Architekt Gerhard Kosel, der Taut in die Sowjetunion folgen sollte, »voller Hoffnung, voller Tatkraft. Bei der Verabschiedung wurde das nächste Zusammentreffen verabredet: in Moskau.«[50]

In Moskau wurde Taut am Weißrussischen Bahnhof von Fred Forbat abgeholt und zum Grandhotel Europa, in dem auch Forbats logierten, begleitet. Taut war, wie er der Lebensgefährtin Erika Wittich nach Hause berichtete, enttäuscht: »Vom Sowjet niemand, kein Auto. Zimmer im Europa ohne fließend Wasser und fast ungeheizt.«[51] Prompt bekam Taut eine heftige Erkältung mit Atemnot, Husten und einem »vollwertigen Schnupfen«. Er wurde von Neufeld gepflegt und empfing seine Besucher am Krankenbett. Sie wirkten wohl wenig aufmunternd. Forbats Frau mache, schrieb er nach Berlin, einen ganz geknickten Eindruck auf ihn, und auch May sei nicht wiederzuerkennen. Es scheine für Ausländer der denkbar schlechteste Zeitpunkt zu sein, in die Sowjetunion zu kommen, da aufgrund des Überangebotes die Arbeitswilligen erpresst würden und kein Vertrag mehr als bindend angesehen werde. Er jedenfalls werde überall betonen, dass ihn nicht die Erwerbslosigkeit hergetrieben habe und er nur dann in Moskau bleiben werde, wenn die Versprechungen, die ihm in Berlin gemacht worden seien, eingehalten würden und man ihn bauen lasse.

Als Taut die Wohnsituation russischer Kollegen sah, fiel sein Urteil über das ihm zugeteilte Domizil im Grandhotel – zwei Zimmer mit Bad und Aussicht auf den Roten Platz – gnädiger aus: Er sei ganz gut untergebracht, so schrieb er nach Berlin, vielleicht sogar im schönsten Appartement Moskaus. Vorerst halte er sich bei Diskussionen noch zurück, da ihm alles neu sei und er sich hier nicht als Besserwisser aufspielen wolle. Nichts sei verkehrter, als deutsche Erfahrungen und Methoden in der Sowjetunion eins zu eins anwenden zu wollen. Man könne hier jedenfalls nicht – eine erste Spitze gegen den Kollegen Ernst May – wie in Frankfurt bauen.

Das Leben in Moskau sei im Übrigen anstrengend. Viel Zeit gehe verloren für die Beschaffung notwendiger Dinge wie Telefon, Auto und Nahrung. Eine überbordende Bürokratie hemme den Arbeitsablauf. Anträge, Sitzungen, Kommissionen – es herrsche ein ewiges Hin und Her des Amtsbetriebes, da keiner die Verantwortung für letzte Beschlüsse tragen wolle. Ehe man mit der eigentlichen Arbeit beginnen könne, habe man bereits 80 Prozent seiner Zeit vertan. Kitzlig sei die Frage der Baugestaltung, da die Entscheidungsträger glaubten, die Qualität durch historisierende Schmuckformen heben zu können. »Opportunist werde ich aber unter keinen Umständen; das wäre auch kein Bruno Taut mehr. Damit ist natürlich nicht das Eingehen auf Wünsche nach größerem Reichtum und dergleichen gemeint, aber gegen meine Überzeugung werde ich bestimmt nichts machen, Dinge, die ich für Fehler halte, und die sogar ausgesprochen reaktionären Charakter haben, auch auf die Gefahr hin, dass man mich nicht zum Bauen kommen lässt.«[52]

Für Taut war das Feindbild von Anfang an klar: May. Um den »Wonnemonat« stehe es nicht zum Besten, berichtete er nach Berlin, die Valutazahlungen seien ein böses Gift. Schon wollten Mitarbeiter von May zu ihm überwechseln, und der May-Mann Eugen Carl Kaufmann habe vor kurzem seine fristlose Kündigung erhalten. Schuld an den Missständen im Bauwesen hätten aber auch die schlechte Organisation, die Unzuverlässigkeit und der Bürokratismus der Russen, die nicht nur die Arbeit beeinträchtigten, sondern selbst überzeugte Kommunisten entmutigten. Geradezu schändlich sei es, dass die kommunistische Presse in Deutschland die russischen Verhältnisse nicht objektiv darstelle, dass sie auch jetzt noch die Sowjetunion als ein Land schildere, in dem nur Milch und Honig flössen. Es würden so Hoffnungen geweckt und Vorstellungen genährt, die nicht erfüllt werden könnten und selbst Kommunisten in eine fast gegnerische Haltung drängten.

Trotz guten Willens und vorsichtiger Zurückhaltung erlebte auch Taut bald eine erste große Enttäuschung. Sein Hotelentwurf für den

Swerdlowplatz unterlag dem Projekt des russischen Kollegen Alexej Schtschussew, dessen Säulchen-Architektur Taut in ihrer Plumpheit und Grobheit für reinen Schund erklärte. Eine weitere Enttäuschung folgte auf dem Fuß: Der zusammen mit Neufeld gefertigte Entwurf für eine Wohnbebauung Dimitrowska Ecke Strastnoi-Boulevard musste umgearbeitet werden, da die Fassaden als zu schlicht abgelehnt wurden. Taut machte die Fassaden großartiger und eleganter, wie er meinte, um dann zu hören: immer noch zu einfach. Also setzte er sich wieder hin, um etwas für deutsche Begriffe ganz Wildes in Kohle zu skizzieren. Ernüchtert und zweifelnd fragte er sich: »Werde ich mich nicht vielleicht schämen müssen, wenn dieser Bau einmal als meiner gilt?«[53]

Eine müßige Frage, denn auch der neue Vorschlag wurde von den Russen abgelehnt. Taut fertigte einen weiteren Entwurf und noch einen, was ihn fast an den Rand eines Nervenzusammenbruchs brachte. Doch er wollte sich nicht so schnell entmutigen lassen und erst einmal alles gelassen hinnehmen, um in Ruhe die weitere Entwicklung abzuwarten. Auf keinen Fall wollte er wie May den »Elefanten im Porzellanladen« geben, vielmehr rückte er von dessen »Rechthaberei und Oberflächlichkeit« bald ab. In den Briefen nach Berlin jedoch zog er, vielleicht um sich für die selbstauferlegte Zurückhaltung zu entschädigen, tüchtig vom Leder, offensichtlich ohne Angst vor ungebetenen Mitlesern.

Taut schimpfte über die Männer der Säule, Schtschussew und Genossen, die riesenhafte Massen mit historischem Aufputz und Schnörkeln versähen, und stand mit dieser Kritik nicht allein. Der neue architektonische Pomp war bereits Gegenstand der Sowjet-Satire geworden. Ilja Ilf und Jewgeni Petrow beschrieben in ihrer Erzählung *Eine Lichtgestalt* einen neuen Bau, der so viele Säulen besaß, dass für Menschen kein Platz mehr blieb.

Neben dem historischen Aufputz befremdeten Taut aber auch einige allzu leichtfertige Formen des Neuen Bauens, vor allem der »Zigarettenkästchen- und Bandagenstil der Mendelsöhne«. Das sei ja alles auch nur »aufgesetzte Fresse, Pathos, Chuzpe«. Es sei ganz gut, dass die Russen auf sie drückten, damit sie sich für die Sowjetunion etwas Neues ausdächten. Er zumindest gebe dem Druck gerne nach. Doch so sehr Taut sich bemühte, es gelang ihm nicht, die Prinzipien des Neuen Bauens einfach über Bord zu werfen und etwas ganz anderes zu entwickeln, und so wurden auch seine Entwürfe immer von neuem abgelehnt, was seine Stimmung oft unter null sinken ließ. Schon im Mai trug er sich mit ersten Gedanken, rasch abzureisen.

Was ihn hielt, war einzig die Hoffnung auf Besserung und der Vergleich mit den weniger glücklich agierenden deutschen Kollegen. May sehe, so schrieb er hämisch nach Berlin, seiner Entmachtung stillschweigend zu und tröste sich mit schönen Reisen. Er bleibe nur, um aus dem russischen Abenteuer finanziell so viel wie möglich herauszuschlagen. »Alle seine Mitarbeiter haben bittere Worte über ihn, eins ist jedenfalls wahr: Hat er früher zu dick aufgetragen, so trägt er jetzt zu sehr ab.«[54] Hannes Meyer sei zwar sympathischer als May, aber beunruhigend nervös und nichtssagend. Beinahe weiß geworden, lebe er im Übrigen ganz russifiziert und spreche von seinen großen Siedlungen und Städten im Ural. »Ich kann nur meinen Eindruck wiedergeben: Es war eine gewisse Unruhe, ein gewisses Flackern, das mich an ihm beunruhigte, vielleicht ist er an bestimmten Stellen pathologisch – sonderbar: Er ist eigentlich sympathisch und bietet doch nichts.«[55]

Bald erregte selbst der treue Josef Neufeld Tauts Unmut, da er sich über die vielen Änderungen beklagte und Tauts Taktik, immer neue gestalterische Zugeständnisse zu machen, nicht einsehen wollte. Neufelds radikale Haltung, schrieb Taut nach Berlin, sei sehr bequem, da er sich so ein sauberes moralisches Mäntelchen umhängen und so recht als Märtyrer fühlen könne. Er habe es sich offensichtlich zur Aufgabe gemacht, ihn mit seinem Ehrgeiz und tausend Kleinigkeiten zu quälen. Als Neufeld im November 1932 die Sowjetunion verlassen musste, da ihm Valuta versprochen, aber nicht ausbezahlt wurden, gab Taut sich erleichtert. Neufeld zog wenige Monate später nach Palästina und eröffnete ein Architekturbüro in Tel Aviv.

Tauts Kritik an der Arbeit der deutschen Kollegen verschärfte sich, als er am 28. Juli 1932 als Konsultant an der großen Sitzung des Moskauer Stadtsowjets und des Parteikomitees teilnahm und die Entwürfe für Groß-Moskau sah. »Kurt Meyer, der schon zwei Jahre daran arbeitet, ist wohl am meisten ernst zu nehmen, dagegen ist Hannes Meyer so schlecht, dass man kaum einen Ausdruck dafür finden kann. Was er an Veränderungen in der Innenstadt vorschlägt, ist die reine Mondbauerei, und wo es ans Praktische kommt, da ist es teilweise reiner Blödsinn. Außerdem die kleinbürgerliche Anlage von Trabantenstädten, die May in seinem Entwurf geradezu tot hetzt.«[56]

Obwohl Taut die Kritik der Sowjets an den Plänen der Mays und Meyers für Moskau teilte, wurde ihm bald klar, dass sie sich nicht zuletzt einer zunehmend patriotischen Haltung der Russen verdankte, die von Chauvinismus nicht weit entfernt war. Überall würden die bislang bevorzugten ausländischen Architekten nun zurückgesetzt, auch hervorragende Fachleute wie Kurt Meyer, dessen Entwurf für Moskau als bester hervorgehoben, dessen weitere Bearbeitung aber einem Russen unterstellt worden sei. Taut musste erkennen, dass die ausländerfeindliche Entwicklung auch vor ihm nicht haltmachte. Er sah seine Bauaussichten schwinden und bat die Lieben zu Hause, in Berlin langsam davon zu sprechen, dass er das Klima nicht vertrage und seine Heimkehr vorbereite. Er denke daran, der ewigen Sorgen und Ärgernisse müde, das Land zu verlassen und vielleicht einer Einladung nach Japan oder in die Vereinigten Staaten zu folgen. Die Welt sei hier doch allzu eng.

Je häufiger Tauts Entwürfe abgelehnt wurden, desto unvermeidlicher schien ihm die Abreise. Er habe gehört, dass der ganze große Straßenzug der Mochowaja, des Ochotny Rjad und des Theaterplatzes, der vor einem Jahr ihm versprochen worden war, dem »Säulenheiligen« Scholtowski zur Bearbeitung übertragen worden sei und er nicht einmal zu den Kommissionen herangezogen werde. Während Scholtowski von der Regierung geradezu verhätschelt werde, fühle er sich »wie ein räudiger Hund« behandelt. Trotzig versuchte Taut, sich angesichts dieser Zurücksetzung mit dem Richterspruch künftiger Generationen zu trösten. »Na, lass man! Moskau soll die kommunistische Hauptstadt mit imperialistischem Aufputz werden. Die nächste Generation wird den ganzen Plunder verdammen und vielleicht herunterreißen.«[57]

Wo sei, fragte sich Taut, der Mut und die Kühnheit geblieben, die noch vor ein paar Jahren der Welt ein Vorbild gegeben hätten? Ihretwegen sei er schließlich ins Land gekommen. Vielleicht habe er sich aber einfach fünf Jahre zu früh eingefunden, vielleicht sei der heutige Rückschritt ja nur ein Suchen nach dem richtigen Weg, auch wenn er sich überall zeige: in der Ablehnung des Neuen Bauens, des Bauhauses, Le Corbusiers, der neuen Musik und in der Liebe für einschmeichelnde Weisen, für Puppen, für Ornamente an den Häusern und Plüschsofas mit Troddeln in den Häusern.

Auf dem Höhepunkt der Verzweiflung wurden Taut, als hätten die Sowjets das Ende seiner Leidensfähigkeit erkannt, im November 1932 ein eigenes, direkt dem Moskauer Stadtsowjet unterstelltes Projektierungsbüro mit 30 Mitarbeitern zugeteilt und erneut große Aufträge in Aussicht gestellt. Er schöpfte wieder Hoffnung und setzte die Planung des Hotels und der Wohnbebauung Ecke Dimitrowska fort. Wie erwünscht, nahm er an der ersten Sitzung der ausländischen Sektion des neugegründeten Sowjetischen Architektenverbandes teil, der neuen Schaltstelle der Macht im Bauwesen, wo über die Zuteilung von Privilegien – Wohnungen, Freikarten und Kuraufenthalte auf der Krim – entschieden und die verbindliche Rückkehr zum historisierenden Bauen durchgesetzt werden sollte. Die Sektion betreute zwischen 1933 und 1936 etwa tausend Ausländer, von denen die Hälfte Deutsche waren. Vorsitzender wurde ein Russe, stellvertretender Vorsitzender ein Mitglied der Brigade Rot Front, Antonin Urban, der zusammen mit Hannes Meyer auch die Zeitschrift *Architektur im Ausland* herausgab.

Bei der Sitzung habe, so Taut, nach den Russen der Kollege Urban das Wort ergriffen, der sich als Parteimann einfach selbst zum Anführer der Ausländer erklärt habe. Nach Urban habe Hannes Meyer gesprochen und unter tausend entschuldigenden Verbeugungen berichtet, dass viele ausländische Architekten der Sowjetunion den Rücken kehren wollten, weil sie sich angesichts der Diffamierungen keinen anderen Rat wüssten. Da die Russen darauf nichts erwiderten, sei die Aussprache schließlich ins Stocken geraten. Man habe zwar das Gefühl gehabt, dass noch so manches zu sagen gewesen wäre, aber alle hätten es vorgezogen zu schweigen, um sich in dieser an sich schon schwierigen Lage nicht noch weitere Feinde zu schaffen. Er auch.

Auf keinem anderen kulturellen Gebiet, klagte Taut, sei der Rückschritt so groß wie in der Architektur mit dem »dick aufgeblasenen Kitsch« als neuester Moderichtung. Er wolle deshalb bald zurückkehren und lege Wert darauf, seine Berliner Kontakte nicht zu verlieren. Er könne es in dieser »Stickluft des Dilettantismus«, gepiesackt von kleinen und großen Gemeinheiten, nicht länger aushalten. »Ich bin müde, matt, morgens ganz und gar zerschlagen, auch am Tage, möchte am liebsten gar nicht aufstehen und bin oft so niedergeschlagen, auch über Erika, deren Leben ganz leer ist.«[58]

Taut, der am liebsten nur noch schlafen wollte, was allerdings ohne Schlafmittel nicht mehr ging, lebte wie viele Moskauer Spezialisten und Funktionäre am Rande des Nervenzusammenbruchs, zerrüttet von den vielen Papyrossi, abgekämpft von den ewigen Sitzungen, zermürbt vom Wechselbad der Gefühle zwischen Hoffnung und Enttäuschung. Er erkannte jetzt, dass es ein großer Fehler gewesen war, hierher zu kommen. Wenig von dem, was ihm bei Vertragsabschluss zugesagt worden war, hatte er auch bekommen. Die großen Projekte blieben im Planungsstadium stecken oder wurden an andere vergeben. Weder bekam er die versprochenen Valuta, noch konnte er eine eigene Wohnung beziehen, noch klappte die Anmietung seines Berliner Hauses durch die Sowjetische Handelsvertretung, mit der er die Versorgung seiner in Berlin zurückgebliebenen Familie sichern wollte. Außer einem schrottreifen Auto und einem Zimmer in einer Datscha blieben die versprochenen Zuwendungen uneingelöst. Auch die Versorgung mit Lebensmitteln, die ihm in den Geschäften für Ausländer vor kurzem noch mehr als gut, fast beschämend reichlich vorkam, fand er nun beklagenswert: »Überall jetzt eine schreckliche Knauserei, Butter kriegen wir alle 3 zusammen jetzt nur 1 kg im Monat – zu Erikas Entsetzen.«[59]

zweiter von links: Tibor Weiner; daneben: Philipp Tolziner, Konrad Püschel, Margarete Mengel; ganz rechts: Antonin Urban

1933–34 / Von Saboteuren und Spionen

Tief enttäuscht zog Bruno Taut im Januar 1933 Bilanz. Die Sowjets böten ihm immer neue Projekte an, um ihn zum Bleiben zu bewegen. Aber er werde gehen, denn er habe nichts zu tun und langweile sich zu Tode. In allen offiziellen Reden, die er gelesen habe, finde er nichts von den Schwierigkeiten, die er selbst täglich erlebe. Superlative und Selbstlob verdeckten, dass die Planwirtschaft vollkommen gescheitert sei und die Gefahr bestehe, dass das Land des Sozialismus den Sozialismus selbst diskreditiere. »Vor den Fenstern eines Bekannten haben im vorigen Winter hunderte von Arbeitern mit der Spitzhacke Erde ausgebrochen und dann Fundamente für einen großen Bau gemacht. Dann gingen sie weg. Und im Sommer kamen feine Automobile, Kommissionen; er fragte sie, was gebaut werden soll – keine Antwort. Dann kamen Lastwagen und füllten Erde auf die Baugrube und die Fundamente, machten alles dem Boden gleich, und heute lagern hinter einem Bretterzaun Bretter. Und nun soll endgültig nichts gebaut werden.«[60]

Mitte Februar 1933 meldete die *Bauwelt* offiziell Tauts Rückkehr nach Berlin. Taut habe seine Tätigkeit in der Sowjetunion vorerst eingestellt und sich auf unbestimmte Zeit beurlauben lassen – eine Entscheidung, die ihm sicher nicht leicht gefallen sei und die einer gewissen Tragik nicht entbehre, da Taut ja nicht nur sein Fachwissen in den Dienst der Sowjetunion gestellt habe, sondern tief von den sozialistischen Zielen überzeugt sei.[61]

Taut ahnte nicht, dass er als führender »Kulturbolschewist« bereits auf der schwarzen Liste der Nationalsozialisten stand. Von Freunden gewarnt, flüchtete er mit Erika Wittich Anfang März nach Stuttgart, wo ihm der Kollege Paul Bonatz Unterschlupf gewährte. Nach ein paar Tagen zog er weiter zu Freunden nach Wangen und gelangte schließlich dank der Mithilfe Sigfried Giedions glücklich über die Schweizer Grenze. Nur sechs Wochen nach seiner Abreise aber war Taut, der einer Einladung nach Japan folgte und über Land fuhr, schon wieder in Moskau, wo er sich das vertraglich zugesicherte Urlaubsgeld erkämpfte und eine spätere Rückkehr in Aussicht stellte. Von Moskau ging es mit der transsibirischen Eisenbahn weiter Richtung Nowosibirsk, dessen Anblick ihn wenig erfreute: Nach langer eintöniger Fahrt komme man zu einer Senkung des Flusses Ob und sehe »eine Siedlung in Zeilenbau, Frankfurter System, aber auf dem welligen Gelände so gebaut, als sollte der trübe Eindruck des sibirischen Landes mit aller Gewalt durch die Architektur verstärkt werden«.[62]

Wie Taut verließen nun viele deutsche Arbeiter und Facharbeiter, Ingenieure und Architekten die Sowjetunion. Sie wollten dem Hunger entfliehen und auf keinen Fall die sowjetische Staatsbürgerschaft annehmen, die ihnen von den Behörden aufgedrängt wurde, denn sie fürchteten, dass nach dem Machtwechsel in Deutschland eine spätere Rückkehr, wie von der deutschen Botschaft angedroht, erschwert werden könnte. Viele kehrten, auch wenn sie als Kommunisten mit einer Verhaftung rechnen mussten, ihrer Familien wegen zurück. Ausreisen konnte, wer einen gültigen Reisepass hatte und nicht polizeilich gesucht wurde.

Selbst der schon so lange in Russland lebende Derendinger hatte nun zum ersten Mal Probleme, seine Aufenthaltsgenehmigung von der Ausländerabteilung der Moskauer Miliz um ein weiteres Jahr verlängert zu bekommen. Der Nachweis eines Arbeitsplatzes reichte nicht mehr aus, er benötigte ein Gesuch des Arbeitgebers, in dem dieser die Notwendigkeit der Beschäftigung gerade seiner Person begründete. Nach einigem

Hin und Her erhielt Derendinger eine Verlängerung, aber nur für drei Monate. Eine Schikane, mit der man ihn zwingen wollte, das Land zu verlassen oder die sowjetische Staatsbürgerschaft anzunehmen. Derendinger wollte weder das eine noch das andere. Er fühlte sich der Schweiz nach so vielen Jahren entfremdet, in der Sowjetunion aber nicht sicher. Längst hätte er schon die Sowjetbürgerschaft angenommen, »wenn, ja wenn diese Sowjetregierung keine solche Willkürregierung, sondern eine wirkliche und gerechte Arbeiter- und Bauernregierung gewesen wäre«.[63]

Ende 1933 verließ Ernst May die Sowjetunion. Im Unterschied zu Taut kehrte er allerdings nicht nach Deutschland zurück, da ihm klar war, dass er sich als bekannter Protagonist des Neuen Bauens in Nazideutschland nicht sicher fühlen konnte. Schon im Januar 1933 hatte die *Deutsche Bauhütte* unter dem Titel »Ein Schädling soll gut machen« die Beschlagnahmung des Vermögens der Erbauer der neuen Siedlungen gefordert. Er habe, so schrieb May der Schwiegermutter, schon vor einiger Zeit bei den verschiedensten Stellen in Deutschland seine Fühler ausgestreckt, um festzustellen, wie weit es ratsam sei, dass Ilse und er gemeinsam oder Ilse allein nach Deutschland reisten. Aus allen eingegangenen Antworten gehe klar hervor, dass die neuen Machthaber nicht für seine Sicherheit garantieren könnten. Zwar stehe er auf dem Standpunkt, dass für die deutsche Schafherde eine freiheitliche Regierungsform noch nicht möglich sei, sondern nur eine Diktatur in Frage komme, habe aber Bedenken gegen die gegenwärtigen Führer wegen der feigen Gemeinheit, mit der sie ihre früheren Gegner behandelten. Eine solche Haltung sei unsachlich und engstirnig, und so denke er gar nicht daran, sich dem neuen Regime anzudienen, obwohl er durch seinen Schwager gute Beziehungen zu Göring besitze. Er werde ein Deutschland meiden, in dem er zu einem Vertreter des alten Regimes abgestempelt werde, weil er zufällig seine Arbeit »nicht unter dem Malermeister Hitler, sondern unter dem Sattlermeister Ebert« ausgeführt habe. Er und Ilse hätten daher beschlossen auszuwandern, und zwar nach Britisch-Ostafrika, um als Kaffeepflanzer neu anzufangen. Er wolle noch einmal eine große aufbauende Tätigkeit entfalten und ziehe hierfür einen Platz außerhalb Europas vor, da man nicht Schwarzseher zu sein brauche, um bereits einen neuen Krieg sich am Horizont abzeichnen zu sehen. Zudem böten derzeit nur die Kolonien nahezu unbegrenzte Möglichkeiten zu schöpferischer Betätigung. »Wir fühlen uns auf der Höhe unserer Kraft und brennen auf den Moment der Abreise.«[64]

Zum Abschied ehrte der Sowjetische Architektenverband May zwar noch mit einem offiziellen Abschiedsessen im Grandhotel, ließ aber wenig Zweifel daran, dass dessen Abreise letztlich die Konsequenz seines beruflichen Scheiterns sei. Beim Abschied von einem Kollegen gefragt, ob er bedaure, vier Jahre seines Lebens in der Sowjetunion verbracht zu haben, antwortete May: »Oh nein, ich habe hier viel gelernt.« – »Was zum Beispiel, würden Sie sagen, haben Sie gelernt?« May lachte, und es war wohl ein bitteres Lachen, denn er wusste sicher, dass er unter dem starken Erfolgszwang zu schnell und zu groß geplant hatte, ohne sich auf das harte Klima und die so anderen Lebensbedürfnisse der Russen einzulassen. »Ich habe gelernt, dass man nicht in fünf Wochen eine Stadt planen kann.«[65]

Nach seiner Abreise wurden die zurückbleibenden deutschen Architekten noch mehr an den Rand gedrängt. Bei den Moskauer Großprojekten kamen sie nicht mehr zum Zug. Ihnen blieben nur die undankbaren Bauvorhaben der fernab von Moskau unter schwierigen Verhältnissen entstehenden neuen Industriestädte. Immer stärker bekamen sie nun auch die chauvinistischen Tendenzen der Sowjetrussen zu spüren, die sich in einer Mischung aus Arroganz und Ignoranz zeigten, bei der Selbstbewusstsein mit Selbstüberschätzung einherging. Die alten Akademiker gewannen mit ihren historisierenden Entwürfen mehr und mehr Einfluss an höchster Stelle. Die von den vielen neu gegründeten Hochschulen frisch ausgebildeten jungen Architekten drängten auf die gut dotierten Posten und unterstellten den ausländischen Kollegen, da sie keine Wunder herbeizaubern konnten, Kenntnisse entweder zu verschweigen oder gar nicht zu haben, nicht mehr jedenfalls als sie selbst.

Die Gruppe May begann sich aufzulösen. Einige blieben unter Verzicht auf ihre Valutabezüge und schlossen sich anderen Gruppen an. Einige verließen wie May das Land. Walter Schwagenscheidt ließ sich von May ein Zeugnis ausstellen und kehrte nach Deutschland zurück, wo er bald hohen Besuch bekam. Er wurde, so schilderte er nach dem Krieg seine Lage, von der Gestapo wegen seines Aufenthalts in der Sowjetunion »liebevoll im Auge behalten und für alle Fälle fürs Verbrecheralbum en face und von beiden Flanken fotografiert. War aber nicht im KZ, weil er im rechten Augenblick immer das Maul zu und den Arm hoch hielt.«[66] Schwagenscheidt zog nach Kronberg im Taunus, wo seine Frau schwer erkrankt im Sanatorium lag, mietete zwei kleine möblierte Zimmer und zeigte sich zur Erheiterung der Einheimischen immer eigenwillig gekleidet: Knickerbocker aus Cordsamt, weite Hemden ohne Knöpfe, Holzsandalen im Sommer und Wanderschuhe im Winter. Er beteiligte sich ohne Erfolg an einem Wettbewerb für die Deutsche Arbeitsfront, an dem 690 Architekten teilnahmen, und lebte recht bescheiden von Aufträgen für kleine Wohnhäuser und Umbauten.

Von der Bauhausbrigade Rot Front verließ vorerst nur der Schweizer René Mensch mit seiner russischen Frau die Sowjetunion. Er kehrte Anfang 1934 in seine Heimatstadt Basel zurück, fand aber wohl wenig Arbeit, denn im Jahr darauf fragte er bei Hannes Meyer an, ob er nicht nach Moskau zurückkehren könnte. Meyer diskutierte den Fall mit Antonin Urban und wies ihn ab. Hatte Mensch, der daraufhin für einige Jahre im Auftrag der deutschen Baufirma Hochtief nach Persien ging, um am Bau der Transiranischen Eisenbahn mitzuarbeiten, sich etwas zuschulden kommen lassen? War er nicht auf der erwünschten neuen Linie? Wir werden es nie erfahren, denn Hannes Meyer teilte Mensch im November 1951 mit, dass er den früheren Bittbrief, das *corpus delicti*, im Beisein Lenas »kremiert« habe.

Die anderen Mitglieder der Bauhausbrigade blieben im Land. Antonin Urban lehrte nach wie vor am Moskauer Architekturinstitut. Konrad Püschel, Philipp Tolziner und Tibor Weiner arbeiteten bei *Gorstroiprojekt* unter der Leitung von Hans Schmidt an der Projektierung der neuen Stadt Orsk für die Arbeiter von Lokomotivstroi. Klaus Meumann befand sich in Magnitogorsk. Bela Scheffler, mit einer Russin verheiratet, zwei Kinder, war nach Swerdlowsk geschickt worden, wo er die neuen Wohn- und Gemeinschaftsbauten des Uralmasch, eines großen Maschinenbautrustes, projektierte. Margarete Mengel, die 1931 der Bauhausbrigade nach Moskau gefolgt war, arbeitete in der Redaktion der Deutschen Zentralzeitung und wohnte mit Sohn Johannes, der die deutsche Karl-Liebknecht-Schule besuchte, und dem Architekten Peer Bücking nach wie vor im Haus am Arbatplatz. Hannes Meyer war stolz auf seine Stoßbrigade und all die anderen Bauhäusler in der Sowjetunion: »Das Bauhaus hat sich verdient gemacht!!! Eigentlich ist doch eine gewisse Rechtfertigung darin, dass heute so 24 Bauhäusler (ausschließlich Jahrgang 1928–30) in der CCCR tätig sind.«[67]

Meyer selbst, inzwischen beim Städtebautrust Giprogor zuständig für die Sektoren Ostsibirien und Ferner Osten, wohnte ebenfalls noch am Arbatplatz, war aber viel unterwegs, um die Gegenden, für die er plante, zu erkunden und die Pläne mit den Kommissionen vor Ort zu besprechen. Von seiner dreimonatigen Kommandierung nach Birobidschan, der Hauptstadt der neu gegründeten Jüdischen Autonomen Region, berichtete er Lena: Die Verpflegung sei schwierig. Sie bekämen täglich 600 Gramm Brot pro Person, eine Suppe aus Kohl oder Graupen mittags, kein Abendessen. Bisweilen entfiele auch das Mittagessen. Er sei krank gewesen, zwei Tage Durchfall und Fieber. Sie hätten bereits das Gelände gründlich besichtigt und erste Skizzen gefertigt. Sein erstes Auftreten vor der Kommission habe er glücklich bestanden, ihre Planung sei genehmigt worden. Der Ausgang des Wettbewerbs für den Sowjetpalast habe ihm doch einen gehörigen Schlag versetzt. Er stehe dieser Entwicklung ratlos gegenüber und sei froh, dass ihre Aufgaben in der Provinz einfacher seien als in Moskau. Er wolle sich allmählich die idealistische Brille abgewöhnen, denn Architektur sei nicht nötig, »der Kampf geht um Brot, Milch und Bettflächen, man nimmt Lehm oder Kies oder Torf oder Steine, was man gerade zur Hand hat«.[68]

Im April 1934 wurde Meyer als Professor an die neu gegründete Sowjetische Architekturakademie berufen, der nun höchsten Lehranstalt für das Bauwesen des ganzen Landes, zuständig für die Qualifizierung der Spitzenkräfte und die Herausgabe von Zeitschriften und Lehrbüchern. Er leitete die Abteilungen Wohnungswesen, Gesellschaftsbauten und Inneneinrichtungen. Einer der vier Unterabteilungen des Wohnungswesens stand Urban vor, mit dem Meyer sich fachlich und politisch besonders gut verstand.

Wer sich von der Bauhausbrigade noch in der Sowjetunion aufhielt, glaubte sich in sicheren Verhältnissen, vor allem wenn er inzwischen die sowjetische Staatsbürgerschaft angenommen hatte. Er wusste nicht, dass die Mitglieder der Brigade schon längst ins Visier der Geheimpolizei geraten waren und wie andere Ausländer auch in landesweiten Kampagnen samt und sonders als Spione und Saboteure verunglimpft wurden. Diese Kampagnen waren umso erfolgreicher, als die darbenden Sowjetbürger nur zu gern Geschichten über feindliche Agitateure glaubten, die den Aufbau und die Versorgung torpedierten, war doch das Präsentieren von Sündenböcken eine immer wieder erfolgversprechende Methode, der Unzufriedenheit mit der nicht funktionierenden Verwaltung und der allzu kargen Lebensweise zu begegnen.

Ausländerfeindliche Sabotagevorwürfe wurden von linientreuen Schriftstellern im In- und Ausland bedenkenlos aufgegriffen und durch Geschichten von der Unfähigkeit der ausländischen Spezialisten ergänzt. Oskar Maria Graf, im August 1934 zum Ersten Allunionskongress des sowjetischen Schriftstellerverbandes eingeladen und im Hotel Metropol fürstlich untergebracht, schrieb: Nicht alles funktioniere reibungslos.

Die Verteilung der Konsumgüter etwa lasse zu wünschen übrig. Die allzu häufigen Pannen aber seien vor allem auf die ausländischen Spezialisten zurückzuführen. Ein alter Münchner Freund, der schon seit einigen Jahren in der Sowjetunion arbeite, habe ihm davon berichtet. Es gehe ihm ganz anständig, er bewohne eine neue Dreizimmerwohnung mit Bad, doch die Häuser hätten leider die Spezialisten gebaut. Als »Spez« seien damals alle möglichen Idioten in die Union gekommen, die hinten und vorn nichts von der Arbeit verstanden, aber eine große Fresse gehabt hätten. Weiß der Teufel, was sich da alles eingeschmuggelt habe. »Bei uns war ein Berliner Flötist als Ingenieur ... Mensch, den sollst Du gehört haben! Alles hat er verstanden mit dem Maul, bis sie ihn davongehaut haben ... Und ein Bauzeichner aus Thüringen war da, der hat den Architekt gespielt ... Die Mauern sind geplatzt, die Wasserleitung hat nicht funktioniert, alle Augenblick lang sind die Gasrohre geplatzt, einfach zum Auswachsen war's!«[69]

Nur wenige ausländische Architekten kamen jetzt noch ins Land wie Jaromír Krejcar, einer der linken tschechischen Avantgardisten, die mit dem Bauhaus unter Hannes Meyer in engem Kontakt gestanden hatten. Krejcar hatte sich mit dem Bau eines Sanatoriums in Trentschin-Teplitz einen Namen gemacht und sollte nun ein Erholungsheim in Kislowodsk im Kaukasus bauen. Er gab sein Bestes und scheiterte – allerdings nicht an fachlicher Unfähigkeit, sondern an politischer Naivität. Margarete Buber-Neumann schildert uns die Geschichte, die ihr Krejcars Frau Milena Jesenská einige Jahre später im KZ Ravensbrück erzählte:

Krejcar habe seine Entwürfe eingereicht, über die er dann Woche um Woche mit den Vertretern der staatlichen Stellen diskutieren musste, mit Leuten, die nicht das Geringste von Architektur verstanden hätten. Zwei Einwände seien immer wieder zur Ablehnung seiner Entwürfe angeführt worden: Sein Stil sei zu modern, und seine Baupläne entsprächen nicht den Erfordernissen des Lebens im Sozialismus. »Krejcar, der natürlich annahm, daß es in Sowjetrussland besonders kollektiv und demokratisch zugehe, legte beim Projektieren eines Erholungsheimes auf den Bau schöner gemeinsamer Speisesäle, Gesellschaftsräume und Sonnenbäder, die alle in einem großen zentralen Komplex angeordnet waren, besonderen Wert. Als man diese Pläne einsah, fragten die Begutachter ganz verwundert, wo eigentlich in diesem Heim Ordschonikidse, der Volkskommissar für Schwerindustrie, wohnen solle, wenn er auf Urlaub käme. Ob er ihm zumuten wolle, im gleichen Hause mit den Arbeitern der Schwerindustrie seinen Schlaf- und Wohnraum zu haben? Also machte Krejcar den Vorschlag, für Ordschonikidse einen besonderen Anbau zu entwerfen. Das genügte aber keineswegs, denn dann bestünde ja immer noch die Gefahr, wandten die sowjetrussischen Fachleute ein, dass er mit den anderen, mit der großen Menge der Erholungsuchenden, in Kontakt kommen müsste. So wurde nach einigen weiteren Sitzungen beschlossen, für Ordschonikidse, den Chef der Schwerindustrie, eine eigene Villa zu entwerfen, die in einiger Entfernung vom Erholungsheim lag. Aber damit war das Problem noch keineswegs gelöst, denn auch die Mahlzeiten konnten jene Großen doch unmöglich im gemeinsamen Speisesaal einnehmen, wie sich Krejcar das so schön kollektiv gedacht hatte. Als dann der immer noch naive westliche Architekt einwandte, dann könne man doch das Essen aus der gemeinsamen Küche holen, zeigte es sich, daß er nichts von den tiefgehenden Klassenunterschieden in diesem ›sozialistischen‹ Staate ahnte, die vor allem in dem sichtbar wurden, was man dem Proletariat zu essen gab und was sich auf der anderen Seite die Herrschenden dieses Landes leisteten. Schließlich mußte Krejcar nicht nur für den Volkskommissar der Schwerindustrie eine eigene Villa mit allem Drum und Dran planen, sondern viele Einzelhäuser für die ganze Führerhierarchie des Narkomteschprom (Volkskommissariat für Schwerindustrie).«[70] Angewidert habe Krejcar, so Buber-Neumann, nach zweijährigem vergeblichem Bemühen das Land der neuen Klassenunterschiede verlassen, ohne eines seiner Projekte verwirklicht zu haben.

Konrad Püschel: Entwurf eines Wohnhauses, Orsk, 1934

1934–36 / Es lebt sich heiterer

Die Geschichte des Erholungsheims in Kislowodsk spiegelt die neue Entwicklung wider, die 1931 mit Stalins Rede gegen die Gleichmacherei eingesetzt hatte, in der er forderte: »Wer mehr arbeitet, soll auch besser leben.« Im November 1935 konnte Stalin auf der Ersten Allunionskonferenz der Stachanow-Arbeiter – Stachanow war der erste öffentlich ausgezeichnete Stoßarbeiter, der das Soll um ein Vielfaches übererfüllt hatte – nicht ganz zu Unrecht feststellen: »Es lebt sich besser, Genossen, es lebt sich heiterer«.

Die Getreideexporte waren eingeschränkt, neue Geschäfte eingerichtet, die Lebensmittelkarten und die Marken für Konsumgüter abgeschafft worden. Die Schaufenster füllten sich, Luxusartikel wie Parfum, Cognac und Champagner tauchten auf. Große Warenhäuser öffneten, Feinkostläden wie das frühere Jelissejew, in Gastronom Nummer 1 umbenannt, boten mit zahlreichen Wurst- und Käsesorten, Süß- und Backwaren und rotbackigen Äpfeln den lang entbehrten Anblick von Fülle. Am Tag nach der Eröffnung besuchten 75 000 Moskauer das Geschäft, die meisten wohl nur, um einen Blick auf all die Herrlichkeiten zu werfen oder sich die Nase an den Schaufenstern plattzudrücken, denn die meisten von ihnen konnten sich die dargebotenen Waren in der Regel nicht leisten. Richtig heiter wurde das Leben in der Kur wie im Alltag eben nur für die Privilegierten des Systems, die obersten Klassen der neuen Arbeiterbourgeoisie.

Zur Ungleichheit der Lebensmittelversorgung gesellte sich nach wie vor die Ungleichheit der Wohnraumverteilung. Während sich die meisten Moskauer noch immer einen Raum mit mehreren Personen teilten oder ein Bett in einem Wohnheim belegten oder in den wie Pilze aus dem Boden schießenden Baracken hausten, entstanden für die Funktionäre und Spezialisten repräsentative Wohnungen mit Dienstbotenzimmern und guter Ausstattung. Im Samoskwarezki Rayon beispielsweise erhob sich inmitten kleiner Holzhäuser ein luxuriöser Großwohnungsbau speziell für die Schriftsteller. Die Akademie der Wissenschaften richtete für ihre Mitglieder einen Wohnungsfond ein, der in den folgenden Jahren eine Villa für den Präsidenten und Wohnhäuser für die Mitarbeiter sowie Datschen in der näheren Umgebung errichten sollte. Durchschnittlich kamen auf ein Akademiemitglied und seine Frau 60 Quadratmeter Wohnfläche und auf die Kinder noch einmal 20 Quadratmeter.

Wenig von der heiteren Aufbruchstimmung spürten die im Land verbliebenen ausländischen Spezialisten. Ihre Spezialversorgung Insnab wurde im Juli 1935 abgeschafft, die Torgsin-Geschäfte im Februar 1936 geschlossen. Die Sowjets brauchten nun weniger Gold und Devisen, da sie viele Maschinen nicht mehr im Ausland kauften, sondern selbst produzierten. Für die Ausländer wurden strenge Meldepflichten eingeführt, Auslandsreisen eingeschränkt, jeder Ortswechsel musste beantragt werden. Ausländische Firmen hatten sich registrieren zu lassen und, wurde die Eintragung versagt, zu schließen. Aus Angst vor einer fünften Kolonne im Land begann man, alle Ausländer und jene Russen, die Kontakte zu ihnen hatten, zu überwachen. Ausländer, besonders die deutschen, wurden nun ganz offiziell in Radio, Film und Zeitung zu Volksfeinden erklärt. Es habe geheißen, so Derendinger, »dass die vielen gutbezahlten deutschen Ingenieure in verantwortlichsten Stellen nur Spione und Wirtschaftsschädlinge seien und dass man ihre dunklen Machenschaften nun endlich aufgedeckt hätte. Und es hätte sich jetzt auch herausgestellt, dass sie meistens von ihren Geheimdiensten für ganz spezielle Aufgaben hergeschickt worden und in Wirklichkeit gar keine Ingenieure seien.«[71]

Die Ausländerhetze trieb weitere Architekten der Gruppe May außer Landes. 1935 kehrte Mart Stam mit Lotte Beese, die 1932 erneut in die Sowjetunion gekommen war und zwei Jahre später Stam geheiratet hatte, in die Niederlande zurück, wo sie mit Meyers Sohn und der gemeinsamen Tochter neu anfangen wollten. Meyer spottete: Er begreife immer mehr, warum von da, wo der Monat May regiert habe, so viele nun Reißaus nähmen. Die Spreu werde eben vom Winde verweht. Auch Liebknecht schickte dem Niederländer wenig freundliche Worte hinterher. Stam habe zu sehr seinem Idealbild von einer sozialistischen Stadt nachgehangen, um nicht in Magnitogorsk an der harten Realität zu scheitern.

Wer von der Gruppe May blieb, wie Margarete Schütte-Lihotzky, Wilhelm Schütte und Hans Schmidt, arbeitete nun unter der Leitung von Hannes Meyer an der Sowjetischen Architekturakademie in den Abteilungen Wohnungswesen, Gesellschaftsbauten und Inneneinrichtungen. Es entstanden zahlreiche Typenentwürfe für Wohnungen unterschiedlicher Größe, Modelle platzsparender Möbel sowie die Ausstattung eines Klubs und eines Kinos für Tscheljabinsk.

Sie könne sich nicht vorstellen, schrieb Meyer der Bauhaus-Weberin Lisbeth Oestreicher im Februar 1934 nach Hengelo, welchen Kampf sie in der Sowjetunion führten, um die Sprache richtig zu lernen und sich eine solide ideologische Grundlage zu schaffen. Ihr Leben sei äußerst interessant, wenn auch sehr hart, was er liebe. Sie hätten viel ernste, verantwortliche Arbeit zu verrichten, und doch seien er und Lena recht eigentlich frohe Menschen. Sie stünden sich sehr nahe und führten seit einigen Jahren eine gute, kameradschaftliche Ehe. All die Stimmungen, denen er früher unterworfen gewesen, seien wie weggepustet. Ihre Beziehung sei so ganz das Gegenteil zu dem »schrecklich gekünstelten Verhältnis« zu Lotte Beese.

Zu den Bauhäuslern habe er, schrieb Meyer Lisbeth ein halbes Jahr später, nur wenig Kontakt, obwohl sie noch alle wie zur Zeit ihrer Ankunft im ersten Obergeschoss des Hauses am Arbatplatz wohnten. Sie seien fast ganz »verrusst«, bald werde es ihm schwerfallen, deutsch zu schreiben. Jeder lebe für sich. Vom »Einsiedlerkrebs« Meumann sei nicht viel zu sehen, Püschel komme hin und wieder nachschauen, Tolziner und Weiner seien derzeit nach Stalinsk abkommandiert. Gelegentlich treffe er sich mit Urban in der Akademie. Er und Lena lebten schon ganz abseits von all dem Bauhauskram, arbeiteten viel, besonders politisch, und würden bald eine eigene Wohnung bekommen, nachdem sie vier Jahre in einem einzigen Zimmer gelebt hätten.

Meyer war nun noch eifriger bemüht, seine aufrechte bolschewistische Gesinnung unter Beweis zu stellen. In der in Moskau erscheinenden *Deutschen Zentralzeitung* schrieb er 1935 unter dem Titel *Flucht ins Leben*: Bald nach der Ankunft in der Sowjetunion habe er bemerkt, dass seine früheren architektonischen Grundsätze durch die neuen Erfahrungen ins Wanken gerieten. Vor allem durch den Wettbewerb um den Sowjetpalast und den Generalbebauungsplan für Moskau sei ihm die eigene Unzulänglichkeit klar geworden, worauf er beschlossen habe, sein ideologisches Fundament »sorgfältig auszubetonieren. Die nötigen Eiseneinlagen dialektisch-materialistischer Herkunft lieferten mir so ausgezeichnete Bolschewiki wie meine Zimmernachbarn.«

Diesem Vorspann folgt ein dialektisches Glanzstück, das Meyer als Meister der distanzierenden »Gänsefüßchen« ausweist und in voller Länge zitiert zu werden verdient: »›Du scheinst ja alle deine früheren Grundsätze über Bord geworfen zu haben, seitdem du in der UdSSR wirkst; nächstens wird wohl sogar eine Säule an einem deiner Gebäude prangen‹, spöttelte vor kurzem ein bekannter ausländischer Schriftsteller im Gespräch mit mir. Er kam sich gewiß ›schrecklich modern‹ vor bei diesen Worten, aber er entpuppte sich als ein schlechter Dialektiker. Denn wenn wir sogenannte ›Funktionalisten‹ früher ›drüben‹ die Kunst (und damit auch die Baukunst) verleugneten, so doch nur, weil die bürgerliche Kunst nachgerade schon so entartet war, daß sie dem Künstler keine Aufgaben mehr stellen konnte, für die sich ein größerer Kreis von Menschen begeistert hätte. Wir Architekten aber machten sodann aus der Abwesenheit von Bildern, Skulpturen, Säulen und Ornamenten einen Lehrsatz und kokettierten mit den leeren Wandflächen einer ›kunstlosen‹ Architektur, die den Kapitalisten erwünscht war, weil sie die Baukosten herabminderte.«[72]

Nun aber habe er sich von dieser dekadenten westlichen Vorgehensweise abgewendet und von den Arbeitern gelernt, indem er sich ihren Fragen stellte. Als er ihnen seinen Entwurf einer sozialistischen Stadt präsentierte, hätten sie ihn nach den Alleen gefragt und wie dort Statuen aufgestellt würden, nach den Wandbildern und was sie darstellten, nach der Zahl der Säulen an den Fassaden. Diese Fragen hätten ihn stutzig gemacht und gelehrt, dass es für die Masse der Werktätigen im sozialistischen Aufbau selbstverständlich sei, Wandbilder und Statuen mit Säulen und Architraven vereint zu sehen, um ihr Leben würdevoller und bedeutsamer zu gestalten. Auf diese Weise habe sich in seiner vierjährigen Praxis in der Sowjetunion alles in ihm endgültig geklärt. Vorbei sei es mit der von ökonomischen Sorgen diktierten, geistig bedrohten Stellung des westlichen Intellektuellen. Eine neue Sprache, eine feste ideologische Basis habe ihn in ein unerwartet neuartiges Verhältnis zur Baukunst gesetzt. Er fühle sich jünger, kräftiger und schöpferischer als früher.

Äußerlich scheint Hannes Meyer allerdings nicht sonderlich jung und kräftig gewirkt zu haben. Als ein deutscher Kollege ihn zu Hause aufsuchte, fand er ihn angetan mit verbeulten Manchesterhosen und Holzpantinen. »Der Mann ist zehn Jahre älter als ich, aber er sieht aus wie eine Katastrophe.«[73] Auch an Meyer, der trotz gegenteiliger Versprechungen keine eigene Wohnung bekam und damit weder seine noch Lenas Kinder nach Moskau holen konnte, zehrte wohl die Angst vor den Folgen der Ausländerhetze und die Sorge, wie es für ihn und Lena weitergehen sollte. Ende Oktober 1935 schied er aus der Sowjetischen Architekturakademie aus, Anfang 1936 ging er erneut auf Vortragsreise in die Tschechoslowakische Republik. Die Resonanz auf die insgesamt 22 Vorträge war diesmal verhalten. Die tschechischen Kollegen kritisierten, dass er sich als Architekt zu sehr von der Politik bestimmen lasse und sich aufgrund der sowjetischen Architekturentwicklung von den Prinzipien des Neuen Bauens abgewandt habe.

Nicht lange nach seiner Rückkehr von der Vortragsreise verließ Meyer überraschend und für immer das Land, als hätte auch ihn der Wind als Spreu verweht. Ob er aus eigenem Antrieb ging oder die Sowjets ihm die Ausreise nahelegten, ist ungewiss. Doch scheinen finanzielle Gründe eine wichtige Rolle gespielt zu haben. Da Meyer seit 1933 keine Valuta mehr bezog, musste er die 7000 Goldfranken, die ihn die diversen Unterhaltsverpflichtungen pro Jahr kosteten, aus früheren Rücklagen bestreiten, was ihm zunehmend schwerfiel. Als er schließlich das Angebot bekam, in Barcelona am Aufbau eines Instituts mitzuwirken, das sich der Organisation des Wohnungswesens im republikanischen Spanien widmen sollte, nahm er an. Meyer fuhr zunächst in die Heimat, um familiäre Angelegenheiten zu regeln, und wollte sich gerade auf den Weg machen, als er vom Ausbruch des Spanischen Bürgerkrieges überrascht wurde und sich gezwungen sah, vorerst in der Schweiz zu bleiben.

Meyer hatte die Sowjetunion zur rechten Zeit verlassen, denn die »Höllenmaschinerie«, wie Nikolai Bucharin sie nannte, nahm Fahrt auf. Im August 1936 endete der Schauprozess gegen die früheren Politbüromitglieder Sinowjew und Kamenew sowie vierzehn weitere bekannte Bolschewiki mit der Verurteilung und Hinrichtung der Angeklagten. Die Parteisäuberungen, die dem Prozess folgten, führten zum Ausschluss selbst verdienter Genossen, die nun als klassenfeindliche Elemente, Saboteure oder feindliche Agenten angeklagt wurden. Es kam zu ersten Massenverhaftungen, die alle trafen: Russen und Minderheiten, Ausländer und Sowjetbürger, Kommunisten und Unpolitische. Von den rund viertausend KPD-Mitgliedern etwa wurden zwei Drittel verhaftet, erschossen, deportiert oder des Landes verwiesen. Verhaftet und erschossen wurde auch Heinz Neumann, der Führer der KPD, während Margarete Buber-Neumann in den GULag verschickt und nach Abschluss des Hitler-Stalin-Pakts an die Gestapo ausgeliefert wurde.

Die noch im Land lebenden deutschen Architekten blieben vorläufig unbehelligt. Wilhelm Schütte entwarf Typenprojekte für Schulen, Margarete Schütte-Lihotzky entwickelte Kindermöbel, arbeitete für das Volkskommissariat für Gesundheit und das Institut zum Schutz für Mutter und Kind. Schmidt leitete bei *Gorstroiprojekt* nach wie vor die Projektierungswerkstatt Nr. 3, zuständig für die neue Stadt Orsk, in der neben russischen Kollegen auch Tolziner, Püschel und Weiner arbeiteten. Unter ihrer Aufsicht vor Ort entstanden ab Mai 1935 die Quartale Nr. 8 und 10, insgesamt 15 dreigeschossige Wohnblocks mit 450 Drei-Zimmer-Wohnungen, mit Kindergarten, Schule und Krankenhaus. Die Bauleistung in Orsk wurde, so Püschel, dem rauen Klima der südlichen Uralsteppe – 40 Grad minus im Winter, 40 Grad plus im Sommer – und der Muskelkraft zwangsumgesiedelter Bauern und GULag-Häftlinge regelrecht abgetrotzt. Es habe fast keine technischen Hilfsmittel gegeben oder wenn, dann so primitive, wie sie kein Pharao bei den Pyramidenbauten hätte anwenden mögen. Die Arbeiter seien ausgehungert und nur notdürftig gekleidet gewesen in Strohschuhen und mit Strohschnüren gehaltenen Fußbinden, in dünnen Hosen und kurzen Russenkitteln. Da es am ganzen Bau nur drei Wasserwaagen gegeben habe, sei es ziemlich egal gewesen, ob die Wände lotrecht vermauert worden seien. Die Ausführungsqualität sei denn auch nicht sehr hoch gewesen, Fehler und Ungenauigkeiten hätten sich überall eingeschlichen. Wie einfach die Verhältnisse und wie groß das Unwissen vor Ort gewesen seien, zeige folgende Begebenheit: Bei einer wichtigen Besprechung mit der örtlichen Kommission fehlte das aus Moskau mitgebrachte Modell der Wohnstadt, mit dem Schmidt die Entscheidungsträger zu überzeugen hoffte. Schließlich fand man es, mit vier Beinen versehen, in einem Bahnhofsschuppen wieder, wo es den Bahnarbeitern als Frühstückstisch diente.

Im Oktober 1935 konnten die ersten Bewohner in die Häuser der beiden Quartale einziehen. Doch statt Lob ernteten die Architekten auch in Orsk nur Kritik. Die deutschen Kollegen beklagten die mangelhafte Bauausführung, den Bolschewiki missfiel die Gestaltung, die Tradition und Ästhetik negiere und so gar nicht dem nun in der Sowjetunion herrschenden Idealbild der »schönen Fassade« entspreche. Hans Schmidt, der ohne Not, wie er dem Bruder gestand, nicht mehr in die Schweiz zurückkehren wollte, übte Selbstkritik, modifizierte die Pläne und unterwarf auch seine künftigen Bauprojekte dem neuen Schönheitsdiktat. Dem Entwurf für das Kulturhaus eines Kolchos verpasste er nicht nur ein geneigtes Dach, sondern auch eine vorgelagerte Säulenloggia und einen gedrungenen quadratischen Uhrenturm mit Belvedere. Viel scheint die Selbstkritik allerdings nicht gebracht zu haben, denn im Mai 1936 wurde die Projektierungswerkstatt Nr. 3 aufgelöst und Schmidt und seine Mitarbeiter von *Gorstroiprojekt* entlassen. Schmidt wechselte in die Abteilung Wohnungswesen der Sowjetischen Architekturakademie. Püschel fand eine Anstellung bei Narkompros, dem Projektierungsbüro des Volkskommissariats für Bildungswesen, wo er bis April 1937 blieb. Auch Tolziner und Weiner konnten in anderen Büros unterschlüpfen.

Weniger Glück hatte Kurt Meyer, nach wie vor Leiter der Planungswerkstatt Nr. 6 des Moskauer Stadtsowjets und außerdem zuständig für die Stadterweiterung von Twer. Er bekam zwar im Frühjahr 1936 eine größere Wohnung in einem der neu errichteten komfortablen Wohnhäuser für Spezialisten und die sowjetische Staatsbürgerschaft, wenn auch nur für sich, nicht für Frau und Sohn, geriet aber bald danach in die Fänge der Geheimpolizei. Als er während einer Paddeltour auf der Wolga erfuhr, dass der Name eines deutschen Kollegen beim Sinowjew-

Kamenew-Prozess gefallen war, fuhr er sofort nach Moskau, um seine Bekanntschaft mit ihm zu melden. Eine Woche später schloss die Partei ihn wegen »Mangels an Klassenwachsamkeit« aus und enthob ihn seiner Ämter. Am 26. Nobember wurde er mit seiner Frau Gertrud verhaftet. Kurt Meyer wurde verurteilt und nach Ust-Kut in Sibirien deportiert, wo er 1944 starb. Gertrud Meyer wurde von der Staatssicherheit 1938 an die Gestapo ausgeliefert, die sie als bekannte Kommunistin ins Zuchthaus Cottbus sperrte. Ihr Sohn verschwand unter anderem Namen in einem Kinderheim.

Wie Kurt und Gertrud Meyer war auch Hans Blumenfeld ein frühes Mitglied der KPD und seit 1930 in der Sowjetunion. Blumenfeld war inzwischen, angeworben von einem deutschen Genossen, Leiter der Architekturabteilung des Moskauer Provinz-Projekttrustes geworden. Als der Genosse verhaftet und angeklagt wurde, schloss die Betriebsversammlung Blumenfeld in Abwesenheit aus der Partei aus. Da er seinen Ausschluss für ein Versehen oder eine Überreaktion aus übertriebener Angst vor Spionen hielt und fest daran glaubte, nach Aufklärung des Sachverhalts wieder aufgenommen zu werden, wandte er sich zunächst an die Bezirksstelle, dann an das Moskauer Komitee, schließlich an das Zentralkomitee der Partei – ohne Erfolg. Auch ein Brief an Stalin führte nicht zu seiner Wiederaufnahme in die Partei.

Nun beantragte Blumenfeld die sowjetische Staatsbürgerschaft und ließ sich von zwei bewährten Genossen Empfehlungsschreiben ausstellen. Die Genossen wurden kurz darauf verhaftet und Blumenfeld selbst im August 1936 in der *Architekturnaja Gazeta*, dem Wochenblatt der sowjetischen Architekten-Gewerkschaft, öffentlich als enger Freund eines Trotzkisten, als Spion der Gestapo, als gehässiger und unversöhnlicher Gegner der proletarischen Revolution angegriffen. Blumenfeld war entsetzt und wollte die Angelegenheit keinesfalls auf sich beruhen lassen. Er suchte zunächst den Chefredakteur auf, um einen Widerruf zu fordern, danach die Architekten-Gewerkschaft, das Bezirksgericht, die Staatsanwaltschaft, das Justizkommissariat. Schließlich wurde ihm mitgeteilt, dass es sich bei der Veröffentlichung in der *Architekturnaja Gazeta* nicht um eine Verleumdung handle, da in der Sowjetunion schließlich Presse- und Meinungsfreiheit herrsche.

Nur wenige Freunde und Kollegen unterstützten ihn bei seinem Kampf. Es war zu gefährlich, einem öffentlich Verdächtigten beizustehen. Kaum jemand wollte das Risiko auf sich nehmen, sich mangelnder Wachsamkeit schuldig zu machen, indem er mit einem »gehässigen und unversöhnlichen Gegner der proletarischen Revolution« Umgang pflegte. Aus dem Provinz-Projekttrust entlassen, fand Blumenfeld keine Arbeit mehr und machte, um zu überleben, Hilfsarbeiten für Liebknecht und Schütte-Lihotzky, verkaufte seine letzten Habseligkeiten und lieh sich Geld von Freunden. Eines Tages baten ihn zwei ausländische Genossen, die in exponierten Stellungen saßen, sie nicht mehr in ihren Wohnungen zu besuchen. »Ich hörte von einem Bekannten, dass der ungarische Architekt Weiner sie vor mir gewarnt habe. Als ich Weiner im Klub der Architekten begegnete, stellte ich ihn zur Rede. Er sagte: ›Man hat Sie öffentlich beschuldigt, und Sie haben nicht reagiert.‹ Als ich ihn über meine Bemühungen um eine Antwort informiert hatte, entschuldigte er sich. Später traf ich Weiner in Paris wieder, und wir wurden gute Freunde.«[74]

Während sich seine in der Sowjetunion verbliebenen Mitarbeiter zunehmend isoliert und verfolgt fühlten, betätigte sich Ernst May in Britisch-Ostafrika bereits als Farmer. Er hatte am Fuß des Mount Meru im Gebiet des Kilimandscharo 160 Hektar Land gekauft und die ersten Farmgebäude errichtet. Die Steine holte er – mit provisorischen Bauweisen aus Magnitogorsker Zeiten wohlvertraut – mit einer Schar Eingeborener, mit Buschmessern bewaffnet, aus einem nahegelegenen Flussbett und das Holz aus dem Urwald. Steine und Holz ließ er mit Ochsenkarren zur Baustelle transportieren und von indischen Arbeitskräften bearbeiten. Ilse May an die Mutter: »Ernst ist unbeschreiblich glücklich in seinem neuen Beruf. Ich muss nur immer bremsen, dass er nicht alles zu großartig macht, sonst ist auf einmal das Geld alle.«[75]

Es entstand ein einstöckiges Wohnhaus mit flachgeneigtem Satteldach, aus Lavasteinen gemauert, mit Kaminzimmer, überdachtem Freisitz und kleinem Swimmingpool, den alle Häuser besaßen, die May für sich und seine Familie gebaut hat. Die Mays waren nun Selbstversorger, die die Produkte aus Ackerbau und Viehzucht zu Mehl, Butter, Käse und Wolle verarbeiteten, und Farmer, die Kaffee und Pyrethrum, aus dem ein Schädlingsbekämpfungsmittel hergestellt wurde, im Großhandel verkauften. Als die Farm wider Erwarten wenig Ertrag abwarf, eröffnete May ein Architekturbüro in Nairobi.

Juri Pimenow, »Das neue Moskau«, 1937

1937–38 / Das neue Moskau

Moskau erstrahlte 1937 in neuem, festlichem Glanz. Juri Pimenows Bild »Das neue Moskau« zeigt uns eine Stadt, aus der die wimmelnden Menschenmassen und düsteren Hausfassaden, Pferdedroschken und Bastschuhe verschwunden sind. Wir sehen stattdessen eine junge Frau mit blonden, hochgesteckten Haaren und luftigem Sommerkleid, die mit dem Rücken zum Betrachter am Steuer eines offenen Vierzylinders sitzt, an dessen Seitenscheibe eine rote Nelke befestigt ist. Weitere Automobile und gut gekleidete Menschen beleben die Szenerie des breiten Boulevards. Eiserne Laternenmasten und steinerne Prachtbauten mit hohen Säulen und roten Fahnen säumen den Fahrweg. Pimenow zeigt Moskau im leichten Dunst eines hellen Morgens als geschäftige und kultivierte Metropole einer wohlgeordneten Welt.

Das Bild, das Pimenow malte, entsprach der hauptstädtischen Wirklichkeit, zumindest des Zentrums, durchaus. War den Bauhausbrigadisten Moskau im Januar 1931 mit den niedrigen Holzhäusern und den engen Gassen mit Kopfsteinpflaster noch wie ein großes Dorf vorgekommen, befand sich nun am Rostow-Kai eine breite Treppenanlage, hinter der ein lang gestreckter steinerner Bau mit hohem Sockel und acht Geschossen in die Höhe ragte. Die Metro-Haltestelle Sokolniki war mit einer kassettierten Decke und einem breiten Treppenabgang geschmückt, die Metro-Haltestelle Komsomolskaja mit natursteinverkleideten Pfeilern und bronzenen Kapitellen versehen. Die Gorkistraße, an der die politische, wissenschaftliche und kulturelle Elite der Stadt wohnte, war von 16 auf 50 Meter verbreitert und mit imposanten Gebäuden auf beiden Seiten bebaut worden. Überall boten Kioske Erfrischungsgetränke und Speiseeis selbst bei 30 Grad minus an, wobei das Bier in einem Teekessel auf dem Elektrokocher erwärmt wurde. Vor wichtigen Bauten standen Kübelpalmen, als habe sich unter der Herrschaft des Sozialismus selbst das Klima erwärmt.

Wie die meisten Moskauer interessierte sich auch Derendinger sehr für den Umbau der Stadt und besichtigte die an jedem Ersten Mai in den Schaufenstern der Gorkistraße ausgestellten Pläne und Modelle der neuesten Bauvorhaben. Für die Ausstellung wurde mit Spruchbändern über der Straße wie »Lasst uns Moskau durch Architektur und Städtebau in die schönste Stadt der Welt verwandeln!« und mit einem Katalog der wichtigsten Projekte geworben. Derendinger, der noch vor wenigen Jahren den »großen Bluff« des schnellen Bauens kritisiert hatte, war begeistert: »Nach dem, was schon umgeändert worden ist und wie auch noch aus den vorhandenen Plänen und Projekten zu sehen ist, die in ihrer Eigenart, Großzügigkeit und auch Schönheit wirklich den besten Eindruck machen, glaube ich selbst, dass Moskau einst eine der schönsten Städte der Welt werden wird, wenn vielleicht auch nicht gerade die schönste.«[76]

Viele imposante Regierungs- und Verwaltungsgebäude, so Derendinger, seien entstanden, alle im allerneuesten Stil gehalten und mit den modernsten technischen Einrichtungen versehen. Einen ganz besonders großzügigen Charakter habe die Sadowaja bekommen, die einen Teil des Zentrums der Stadt einkreise. Sie weise nun eine Breite auf, wie man sie sonst in keiner anderen Stadt der Welt zu sehen bekomme. Ganze Häuserreihen seien abgerissen worden, um auf diese Weise die Straße zu verbreitern, andere Häuser verschoben, ohne dass die Einwohner sie während der Verschiebung hätten verlassen müssen.

Pimenows Bild zeigt ferner ein Moskau, das nicht nur baulich anders ist als das alte, sondern auch andere Menschen beherbergt. Es hatte sich bereits vieler seiner alten Bewohner entledigt und ließ die übrigen fürchten, die nächsten zu sein, die es in weit entfernte, unwirtliche Gegenden verschlagen würde. Die Angst und das Gefühl absoluter Ohnmacht gingen um bis in die höchsten Kreise der Nomenklatura und trieb viele Moskauer zu verzweifelter Vorsorge. Der Schriftsteller Ilja Ehrenburg las, als er Ende 1937 aus Spanien nach Moskau zurückkam, im Fahrstuhl seines Wohnhauses einen Aushang: »Es ist verboten, Bücher ins WC zu werfen. Die Schuldigen werden ermittelt und bestraft.« Um sich vor nächtlichen Durchsuchungen zu schützen, hatten Bewohner moderner Wohnungen mit Zentralheizung statt Öfen verräterische Schriften in kleine Stücke geschnitten und die Toilette hinuntergespült.

Wie schnell und radikal sich der Austausch der Bewohner auch in den höheren Schichten der Gesellschaft vollziehen konnte, verdeutlicht das »Haus am Ufer«, ein mächtiger Bau gegenüber dem Kreml, das 1931 erbaut worden war und Luxuswohnungen für die Parteikader bereithielt. Ende 1938 war bereits jeder dritte Bewohner abgeholt, die Hälfte von ihnen erschossen. Der Schriftsteller Jurij Trifonow, der als Kind im Haus wohnte, schrieb rückblickend: »Wer aus diesem Haus auszog, hörte auf zu existieren.«

Derendinger, der schon so lange in Moskau lebte und unbedingt bleiben wollte, fürchtete nun ebenfalls, »verdrängt« zu werden. Als er hörte, dass die Russen Deutsche über die Grenze abschoben, wenn sie nicht innerhalb von drei Tagen nach Aufforderung das Land verließen, und es immer schwieriger wurde, die Aufenthaltsgenehmigung verlängert zu bekommen, beantragte er die sowjetische Staatsbürgerschaft. Doch es war zu spät, sein Antrag wurde abgelehnt. Ihm wurde unterstellt, die Sowjetbürgerschaft nur annehmen zu wollen, um unter diesem Deckmantel besser Schädlings- und Spionagearbeit betreiben zu können.

So entschloss sich Ernst Derendinger, 55 Jahre alt und ohne Aussicht, in der Schweiz wieder Fuß fassen zu können, schweren Herzens schließlich zur Ausreise, vieles zurücklassend, was er sich in den 28 Jahren mühsam erspart hatte, denn die Ausfuhr von Geld und Wertgegenständen war untersagt. In die Schweiz zurückgekehrt, erinnerte er sich: »Natürlich war ich in sehr deprimierter Stimmung, denn ich musste ja eigentlich gegen meinen Willen fahren, dann tat es mir auch leid, das Arbeitsfeld dieser viereinhalb Millionenstadt nach so langer Tätigkeit und auf diese Weise zu verlassen, das Zentrum dieses Riesenlandes, von dem ich einst geglaubt hatte, dass es mir eine zweite Heimat werden würde und das ich zuletzt, trotz aller Widrigkeiten, mitsamt seinem Volk doch recht liebgewonnen hatte.«[77]

Ausländer wurden nun systematisch vom Leben ausgegrenzt, Konsulate, internationale Schulen und die Rote Arbeiterhilfe geschlossen. Ein Erwerb der sowjetischen Staatsbürgerschaft war kaum mehr möglich, Aufenthaltsgenehmigungen wurden nicht mehr erteilt. Der operative Befehl Nr. 00439 ermächtigte die Geheimpolizei, ausländische Staatsangehörige mit ihren Kindern innerhalb kürzester Zeit und ohne Begründung auszuweisen. Den sowjetischen Ehepartnern hingegen wurde die Ausreise versagt.

Im März 1937 verließ Hans Schmidt die Sowjetunion, nur wenige Monate vor dem Allunionskongress der sowjetischen Architekten, auf dem er noch ein Referat über die Industrialisierung im Bauwesen hätte halten sollen. Er reiste so überstürzt ab, dass er nur wenig mitnehmen konnte. »Eine große Kiste, gefüllt mit Entwürfen, Skizzenbüchern und Photos musste ich schließlich zurücklassen, ein halbes Lebenswerk.«[78]

Schmidt kehrte, was er nie wollte, in die Schweiz zurück und zog in einem Vortrag im November 1938 eine Art Résumée, in dem er das Gelingen des sozialistischen Experiments nicht im geringsten in Frage stellte, sich aber, was die Architektur betraf, einige Zweifel erlaubte. Die Architektur der Sowjetunion befinde sich, das zeigten die Lichtbilder, in »einem Zustand geradezu tragischer Ratlosigkeit«. Vor allem die Säulenpaläste, die an Stelle von Wohnhäusern gebaut würden, ergäben ein Bild vollkommener stilistischer Hilflosigkeit.[79]

Ende April 1937 reiste Konrad Püschel von den Freunden und Kollegen herzlich verabschiedet, vom selben Weißrussischen Bahnhof ab, an dem er sechs Jahre zuvor angekommen war. Einst von der Sowjetunion als willkommene Aufbauhelfer und Freunde begrüßt, wurden er und seinesgleichen nun vom stalinistischen Machtsystem auf großen roten Transparenten als Faschisten und Feinde bedroht, die man aus dem Heimatland der Arbeiterklasse hinauswerfen müsse, während ihnen in der Heimat Verhöre und möglicherweise Strafe und Haft bevorstanden. »Vor uns stand die bange Frage – was nun, wie geht es weiter für uns in dieser Welt? Der Zug, besetzt mit vielen anderen, die gleich mir ihre Arbeit in der Sowjetunion getan hatten, rollte nach Westen, einer Heimat zu, die mir fremd und unheimlich geworden war.«[80]

Auf Püschel wartete wie auf Schwagenscheidt die Gestapo. Püschel wurde zunächst, obwohl kein Mitglied der KPD, zwei Tage lang ununterbrochen über das Leben in der Sowjetunion, über seine Arbeit und die politischen Verhältnisse verhört, dann registriert und bei der Entlassung mit der Drohung verabschiedet, er stehe unter Beobachtung. Sollte er sich öffentlich wohlwollend über die Sowjetunion äußern, würde er abgeholt. Püschel war trotz allem erleichtert, der Sowjetunion entkommen zu sein, wo so viele seiner Freunde, Kollegen und Nachbarn täglich verschwanden und andere mit sich rissen. »Die Rückkehr nahm eine drückende Last von der Seele.«[81]

Er fand zunächst Arbeit in der Werkstatt des Schwiegervaters, dann in einer kleinen Baufirma, schließlich in Probstzella im Thüringer Wald im Büro Alfred Arndts, einst unter Hannes Meyer Jungmeister des Bauhauses. Arndt war 1932 nach Probstzella gezogen, wo er als Reklamegrafiker und Architekt für Thüringer Industrieunternehmen arbeitete und, inzwischen Parteimitglied und Propagandaleiter der NSDAP, das Dritte Reich erfolgreich zu überdauern hoffte.

Im August 1937 verließen auch Margarete Schütte-Lihotzky und Wilhelm Schütte das Land. Ihre Pässe drohten abzulaufen. Eine Verlängerung wäre von der nationalsozialistischen Botschaft lediglich für ein halbes Jahr bewilligt worden, wodurch sie nur noch für die Sowjetunion und das Deutsche Reich gültig gewesen wären. Sie reisten über Odessa und Istanbul, wo sie Taut besuchten, der im November 1936 von Kemal Atatürk als Chefarchitekt und Professor der Istanbuler Akademie der Schönen Künste in die Türkei berufen worden war, nach Paris. In Paris erhielten sie zwar nach acht Monaten Wartezeit neue Pässe, fanden aber immer nur kurzfristig Arbeit. Schütte-Lihotzky wurde vom Amt für Gesundheitswesen mit einer Studie zur Errichtung von Tuberkulose-Kinderkrankenhäusern beauftragt und nahm nebenher an Wettbewerben teil.

Doch die Stadt war mit russischen, deutschen und spanischen Emigranten so überfüllt, dass die anfängliche Hilfsbereitschaft der Pariser bald in Ablehnung überging. Die Flüchtlinge wurden angesichts der desolaten Lage im Land als wirtschaftliche Bedrohung empfunden und vom Arbeitsmarkt ausgegrenzt. Der Versuch der Schüttes, in London Fuß zu fassen, scheiterte ebenfalls, da auch in Großbritannien wenig gebaut wurde und es kaum Arbeit für die eigenen Architekten gab. Nur einige ausländische Architekten erhielten wie Mendelsohn, der 1933 kam, und Gropius 1934 Aufenthaltsgenehmigung und Arbeitsbewilligung. Nachteilig dürfte sich für Russlandfahrer wie die Schüttes auch das Misstrauen der Engländer gegenüber dem Neuen Bauen überhaupt und die Angst vor kommunistischer Unterwanderung ausgewirkt haben.

1938 bekamen Margarete und Wilhelm Schütte auf Empfehlung Tauts einen Ruf in die Türkei. Erleichtert schlossen sie mit der türkischen Regierung einen Dreijahresvertrag und verpflichteten sich, bei der Errichtung von Dorf- und Mädchenschulen mitzuwirken, türkisch zu lernen und über ihr Spezialgebiet Lehrbücher zu verfassen. Sie kamen im August mit großen Hoffnungen, denn ihr Mentor Taut schien das türkische Baugeschehen weitgehend zu dominieren. Er entwarf in zwei Jahren 24 Projekte, von denen fünf realisiert wurden, und strukturierte nebenbei die Architekturlehre an der Akademie der Schönen Künste um. Doch Taut war wie die anderen ausländischen Architekten auch längst zur Zielscheibe kollegialer Anfeindungen geworden. Die türkischen Architekten monierten die Dominanz der Ausländer bei wichtigen Wettbewerben und bei der Vergabe national bedeutender Bauaufgaben. Taut, der schon seit Jahren an Herzasthma litt, hielt dem Druck von Verleumdung und übergroßer Arbeitsbelastung nicht lange stand. Er starb im November 1938, nur zwei Jahre nach seiner Ankunft. Mit ihm verloren die Schüttes ihren wichtigsten Fürsprecher.

Tibor Weiner folgte, ebenfalls 1937, den Schüttes nach Paris, wie er Hannes Meyer berichtete: Es wäre wunderschön, für längere Zeit in dieser Stadt zu leben, aber die Schüttes, die sich schon seit fünf Monaten hier bemühten, machten ihm wenig Hoffnung. »Es sind zwar junge Leute hier, die sich mit Reklame oder im besten Fall mit Innenarchitektur aufrechthalten, aber dazu müsste man einen Frack und die Haut eines Rhinozeros besitzen und ausschließlich am Champs-Elysées verkehren, und dies kann ich noch nicht!«[82] Er frage sich daher: Wohin weiter? Aus Holland klage ihm ein alter Bauhauskollege sein Leid. In Schweden, wo es sehr viel Arbeit gebe, bekomme man keine Arbeitserlaubnis. Südafrika sei gesperrt. In Ceylon, so schreibe ihm Hans Schmidt, gebe es wohl noch Möglichkeiten, und aus London habe er Nachricht, dass Australien freie Einwanderung für Architekten unter 35 Jahren biete. Er habe sich hier mit verschiedenen Auswanderungsgesellschaften in Verbindung gesetzt, die für Leute wie ihn in Frage kämen, doch er gebe sich keinen großen Illusionen hin. Am liebsten würde er in die Vereinigten Staaten fahren, die anderen Länder seien doch etwas sagenhaft und weit weg. Er wäre sehr froh, wenn Meyer ihm einen Rat geben könnte, da er nicht weiter wisse und zunehmend zum Pessimisten werde. Es müsse bald etwas geschehen, sonst werde die Aussicht, nach Hause fahren zu müssen, immer drohender, was jetzt mit den neuen Nachbarn schon überhaupt keinen Reiz besitze. Kurz, er wünsche sich irgendwo eine längerfristige Perspektive, auch wenn Paris so schön sei, dass er ganz traurig sein werde, wenn er es verlassen müsse. Er sei immer tätig, so weit es gehe, um sich von den Sorgen über die Zukunft abzulenken, zeichne Akt am Montparnasse, gehe in Bibliotheken, mache Skizzen zu einem Wohnhaus und habe den Riesenauftrag eines Schrankentwurfs gegen zweifelhafte Bezahlung übernommen.

Einige Monate später konnte Tibor Weiner Hannes Meyer nicht viel Neues berichten: Er müsse schon entschuldigen, dass er sich mit seiner Antwort immer so verspäte, aber er vergehe fast vor ängstlicher Erwartung einer Antwort aus Australien und schäme sich, noch immer nichts zu haben, an dem er sich nach mehr als einem halben Jahr festhalten könne. Hier seien jetzt gerade alle im Begriff, wegzufahren, einige für immer, andere nur in den Sommerurlaub. Schüttes rechneten mit einem Ruf in die Türkei, Blumenfeld habe ein Visum in die USA bekommen. Aber nicht alle hätten so viel Glück. Ein holländischer Kollege habe ihm neulich erst berichtet, dass Mart Stam als angestellter Architekt bei einer holländischen Firma arbeiten müsse und sich sehr mühsam durchschlage. Er habe sein ganzes Geld in Einfamilienhäuser verbaut, die er nicht an den Mann bringe. Auf die Frage, warum er als gebürtiger Ungar denn nicht nach Mitteleuropa gehen wolle, könne er nur antworten: »Ich möchte so schnell wie möglich an das andere Ende der Welt, wenn schon nicht auf den Mond.«[83]

Weiner hatte gute Gründe, nicht in die Heimat zurückzuwollen. Ungarn war zwar noch ein freies Land, aber für einen Architekten wenig verlockend und für einen Juden und Kommunisten bereits gefährlich. Seit 1919 ein Rumpfstaat mit sieben Millionen Einwohnern, von denen die meisten Bauern waren, befand sich das Land, das fast alle Gebiete mit Rohstoffvorkommen verloren und hohe Reparationszahlungen zu leisten hatte, in einer Art wirtschaftlicher Dauerkrise, die größere Bauaufträge nicht erwarten ließ. Außerdem näherte sich Ungarn, wie Weiner den Briefen aus der Heimat entnehmen konnte, politisch wie ideologisch dem nationalsozialistischen Regime Deutschlands an. Handfeste Schikanen gegen die jüdische Bevölkerung waren bereits überall zu beobachten.

Tibor Weiner hielt weiter Kontakt zu Hannes Meyer, auch wenn es nicht viel Neues zu berichten gab: Es gehe ihm soweit ganz gut. Er habe das Glück von Schütte geerbt und seit Juli eine Art Beschäftigung gefunden. Auch habe er in der Zwischenzeit an einem Wettbewerb für eine Ferienkolonie am Meer für Kinder teilgenommen. Das alles seien, wenn auch nur vage, Möglichkeiten auf etwas Erfolg. Ansonsten sehne er sich danach, endlich wegzufahren. Es sei schon sechs Monate her, dass sein Gesuch in Australien liege, »aber die haben ja auch bloß für Geldsäcke Interesse. Wenn man Geld hätte, wäre schon alles längst erledigt.«[84] Er habe bei seiner Suche nach Kontakten zwar so manches gehört und gesehen, verstehe aber immer weniger, was im Westen vorgehe, und auch die neuesten Ereignisse im Osten – hier meinte Weiner wohl die Sowjetunion – durchschaue er nicht. So ziehe er sich langsam in sich selbst zurück, verlasse sich auf seine tierischen Instinkte, auch in Architekturangelegenheiten, und arbeite sich in den Schlaf. Die Freunde würden dadurch allerdings nicht gerade zahlreicher.

Hannes Meyer riet Tibor Weiner im März 1938 schließlich, in die USA auszuwandern. Das Bauhaus habe dort einen guten Namen, und für seine persönliche Entwicklung als Architekt sei es das Beste. Nötigenfalls könne er ihm auf schriftlichem Wege behilflich sein. Er wolle es aber nur tun, wenn er sicher sein könne, dass Weiner auch wirklich hinfahre. Er würde ihn dann, wenn er drüben sei, allerdings bitten müssen, die Mühe auf sich zu nehmen, Reisevorbereitungen für ihn selbst zu treffen.

Meyer wollte ebenfalls in die Vereinigten Staaten, wo er sich, da schon einige Bauhäusler gute Posten errungen hatten, eine freundliche Aufnahme erhoffte. Er verkannte, wie stark die Staaten noch unter der Wirtschaftskrise litten, wie heftig die antikommunistische Stimmung bereits in den 1930er Jahren war und wie sehr die Berufung von Gropius Anfang 1937 nach Harvard seine eigenen Chancen vermindert hatte. Das Bauhaus hatte zwar in Amerika einen guten Ruf, der aber war vor allem mit dem Namen Gropius verbunden.

Meyers Wunsch, in Amerika Arbeit zu finden, zeigt, dass er um jeden Preis weg aus der Schweiz wollte, wo er sich als Linker und ehemaliger Russlandfahrer verfolgt fühlte. Er bekomme, so schrieb er einem Freund, keine Aufträge und müsse, wenn es so weitergehe, den Beruf überhaupt aufgeben. »Ein Spezialist wie ich, oder besser: ein linker Spezialist, ist offenbar im Kurs gesunken, seitdem ich als Direktor in Dessau abhieb. Heute will man mit derartig anrüchigen Leuten möglichst nichts zu tun haben. Und so wird unsere ›linke Weltanschauung‹ zugleich zum Luxus, den wir uns solange leisten können, als Geld da ist.«[85]

Etwas Geld war immer da und kam von Freunden. Alte Gefährten aus der Genossenschaftsbewegung spendeten, um Meyer einen Auftrag zu verschaffen, eine größere Summe für ein Kinderheim in Mümliswil. Es wurde ein bescheidener, nicht sehr moderner Bau, handwerklich in der regionalen Bautradition in Holz und Ziegel ausgeführt. Da es sein einziger Bau in den Schweizer Jahren blieb, begann Meyer zu malen, Aufsätze über Städtebau und Wohnungsbau zu veröffentlichen und am politischen Leben teilzunehmen. Er wurde Mitglied der KPS, hielt Reden und Radioansprachen im Auftrag der Partei und unternahm weiterhin Vortragsreisen ins europäische Ausland.

Härter als die Isolierung in der Schweiz trafen Meyer allerdings die Beschuldigungen, die sowjetische Kollegen auf dem Moskauer Architektenkongress im Sommer 1937 gegen ihn erhoben. Sie behaupteten, Meyer habe in der Sowjetunion nur wenig gebaut und geplant, und das Wenige sei schlecht gewesen. Meyer rechtfertigte sich in einem Brief an den Kollegen Kolli. Erstens sei der Entwurf für den Sowjetpalast, der als dekadent-funktionalistisch geschmäht werde, zwar unter seinem Namen eingereicht, aber von seinen früheren Studenten Antonin Urban,

Philipp Tolziner und Tibor Weiner erarbeitet worden, während er auf Reisen gewesen sei. Zweitens habe die Tatsache, dass von seinen zahlreichen Entwürfen nichts realisiert wurde, politische Gründe. Schon bald nach seiner Ankunft in der Sowjetunion sei ihm klar geworden, dass er und seine Mitarbeiter als Ausländer keinesfalls an führende Bauaufgaben herangelassen würden. Er habe daher seine Befriedigung in der Lehre und den städtebaulichen Projekten gesucht und gefunden.

Einspruch erheben müsse er zudem, in einem Atemzug mit dem »unglücklichen Romantiker« Bruno Taut genannt zu werden, der seiner einjährigen Tätigkeit in der Sowjetunion durch eine Flucht nach Japan ein rasches Ende gesetzt habe. Sein eigener Weggang sei dagegen beruflich, ökonomisch und privat motiviert gewesen. Er habe als Architekt wieder praktisch tätig sein wollen und außerdem nach seinem Verzicht auf die Valutazahlungen den Lebensunterhalt für sich und seine Familie nicht mehr sicherstellen können. Er habe dem Aufenthalt in der Sowjetunion den größten Teil seiner Ersparnisse geopfert, aber er sei kein Kapitalist, der sich den Luxus eines selbstfinanzierten Lebens jahrelang leisten könne. Die nicht erfolgte Regelung der Wohnungsfrage habe zudem ein Zusammenleben mit seinen Kindern und den Kindern seiner zweiten Ehefrau unmöglich gemacht. Hinzu kämen die skandalösen Verhältnisse an der Akademie, »die fortgesetzte Sabotage jeglicher fruchtbarer Tätigkeit meinerseits, die den ehemaligen Leiter des Bauhauses zum Türhüter eines Architektur-Kabinettes degradierte und mich künstlich von der mir lieb und notwendig gewordenen Lehrtätigkeit fernhielt«.[86]

Wenn er allerdings die gegen ihn erhobenen Vorwürfe noch einmal aufmerksam durchlese, falle ihm ein eigentümlich fremdenfeindlicher Unterton auf. Er verstehe zwar, dass die ausländischen Architekten in der Sowjetunion heute ausgespielt hätten, da man aus eigener Kraft »den Nordpol überfliegen« wolle, aber wozu die Verleumdung? Warum unterstelle man ihnen, die im Ausland als fähige Fachleute bekannt seien, sie hätten nichts tun wollen, während man ihnen in Wahrheit nichts zu tun geben wollte? Ungeniert würden die Leistungen der Bauhausbrigade und der anderen deutschen Architekten wie May, Stam und auch ihm herabgesetzt, was umso bitterer sei, als die Herrschaften, die jetzt am schärfsten gegen ihn und seinesgleichen hetzten, an der Hochschule alle seine Schüler oder Assistenten gewesen seien.

Aufgebracht schrieb er der Freundin und Kollegin Karola Bloch, die Meyer in Berlin an der Marxistischen Arbeiterschule kennengelernt hatte und die sich mit ihrem Mann Ernst Bloch im Exil in Prag befand: Man müsste die Leitung der Sowjetunion eigentlich dafür bestrafen, dass sie so viele ausländische Architektur-Idioten ins Land geholt habe, die nichts geleistet hätten. Das treffe auf ihn aber keineswegs zu. Er sei, wie sie sicher wisse, völlig einverstanden mit der »nationalen Schwenkung«, welche die Architektur in der Sowjetunion genommen habe, ja nehmen musste, um sie den nationalen Belangen dienstbar zu machen. Als Nichtrusse sei er aber leider nicht in der Lage gewesen, dazu irgendeinen praktischen Beitrag zu leisten, und habe sich deshalb vor allem in der Lehre betätigt.

Außerdem hätten ihn die Russen an nützlicher Arbeit immer wieder systematisch gehindert. Sein letztes Erlebnis an der Akademie sei hierfür bezeichnend: Man habe ihm das Projekt eines großen Sanatoriums bei Sotschi übertragen, für dessen Nachbargrundstück ein ganz oben hochgeschätzter russischer Kollege ebenfalls ein Sanatorium entworfen hatte, mit circa 1860 Säulen, also etwa 9 Säulen pro Bett. Man habe von ihm, Meyer, nun gefordert, in dieser Nachbarschaft würdig zu projektieren. Als er sich davon nicht habe beeindrucken lassen, sondern, wie gewohnt, eine wissenschaftlich fundierte Organisationsstudie durchführte, hätten die Russen einfach seine Reisen zum Bauplatz sabotiert und die Kredite gesperrt und ihn so nach kurzer Zeit stillschweigend ausgebootet. »Meine Akademie-Erfahrungen sind voll derartiger Symptome. Dabei wurde ich noch mit Glacé-Handschuhen angefasst.«[87]

Ob Hannes Meyer wohl hin und wieder an die drei Brigadisten gedacht hat, denen er rücksichtslos den »dekadent-funktionalistischen« Entwurf für den Sowjetpalast in die Schuhe schob? Immerhin lebten Urban und Tolziner wie auch Scheffler 1937 noch in der Sowjetunion und waren wie die anderen Ausländer auch inzwischen sowjetische Staatsbürger geworden. Urban entwarf das Typenprojekt eines Klubgebäudes für landwirtschaftliche Kooperativen und lehrte weiter am Architekturinstitut. Scheffler befand sich nach wie vor bei der Uralmasch in Swerdlowsk. Tolziner arbeitete noch immer bei *Gorstroiprojekt* und meldete sich brieflich bei Hannes Meyer: Es gehe ihm gut. Er sei seit einigen Tagen von einer Kur auf der Krim zurück, wieder gesund und mit einigen Kilo mehr gestärkt bei der Arbeit. Auch habe er in der Zwischenzeit aus seinem Zimmer eine regelrechte Kleinstwohnung gemacht mit Wohn- und Schlafabteilung, einem Vorraum und einer Dunkelkammer, alles sehr komfortabel mit eingebauten Schränken.

Tolziner fühlte sich nach sieben Jahren in der Sowjetunion integriert und anerkannt. Er gewann einen Wettbewerb für das Wohngehöft eines Kolchosbauern, zu dessen Vorbereitung er einen Sommer lang das Leben der Bauern einer Wolgakolchose geteilt hatte, um ihre Lebensweise zu studieren und ihre Bedürfnisse herauszufinden. Der Entwurf fand Anklang beim Volkskommissariat für Landwirtschaft und eine starke Resonanz in der Fachpresse. Tolziner wurde von seinem damaligen Chef, Iwan Scholtowski, gelobt. Auf Tolziners Frage, warum Scholtowski seine Arbeiten gutheiße, obwohl sie so gar nicht dessen eigener neoklassizistischer Auffassung entsprächen, antwortete der große Meister: »Junger Mann, in der Architektur gibt es verschiedene Richtungen und in jeder von ihnen kann man gut oder schlecht arbeiten. Ihre Richtung entspricht nicht meiner, aber in Bezug auf die Qualiät Ihrer Arbeiten habe ich keine Bedenken. Deshalb bin ich mit Ihnen einverstanden.«[88]

Integriert und anerkannt fühlte sich auch Kurt Liebknecht, wie Tolziner seit 1937 Sowjetbürger. Liebknecht vertrat beruflich wie privat hundertprozentig die Parteilinie. Er rechtfertigte die Massenverhaftungen, Erschießungen und Deportationen mit dem Argument, eine Revolution fordere nun einmal ihre Opfer, und empfahl sich mit seiner militanten Haltung als treuer Parteisoldat. Kritischen Kollegen warf er, wenn sie sich über die mangelhafte Versorgung und die kulturelle Rückständigkeit beklagten, Überheblichkeit vor. Kollegen, die das Land verließen, nannte er Verräter wie Hannes Meyer oder Versager wie Ernst May, die den ihnen übertragenen Aufgaben fachlich und moralisch nicht gewachsen gewesen seien.

Seine Linientreue wurde belohnt. Liebknecht wechselte zum Projektierungsbüro des Volkskommissariats für Verkehrswesen und bekam für seine kleine Familie, für Ehefrau Maria, eine ukrainische Schauspielerin, und den gemeinsamen Sohn Otto, eine komfortable 3-Zimmer-Wohnung zugewiesen, nur wenige hundert Meter von seiner neuen Arbeitsstelle entfernt. Er entwarf vor allem Typenprojekte kleiner eingeschossiger Blockhäuser für Eisenbahner und ländliche Bahnhöfe. Sein größtes Projekt, die zentrale Apothekenverwaltung des Volkskommissariats für Verkehrswesen in Moskau, zeigt sich im Grundriss sachlich und funktional klar gegliedert, hinsichtlich der Fassade aber nur noch gemäßigt modern.

Weniger gut als Kurt Liebknecht erging es Hans Blumenfeld, der noch immer um seine Parteizugehörigkeit kämpfte, als seine Aufenthaltsgenehmigung im April 1937 nicht verlängert wurde. Blumenfeld protestierte und fragte alte Genossen um Rat; sie rieten zur Ausreise. Doch Blumenfeld wusste nicht wohin und beschloss, um sein Bleiberecht zu kämpfen. Er erklärte, dass er sich nicht als Bürger Nazi-Deutschlands, sondern der Komintern betrachte, und forderte die Geheimpolizei auf, ihn, wenn er unter Verdacht stünde, zu verhaften oder zur Arbeit am Moskau-Wolga-Kanal zu schicken. Doch Verhaftung wie Verschickung wurden abgelehnt und seine Ausreise gefordert. Als er auf seinen abgelaufenen Pass hinwies und sich weigerte, als Jude die Botschaft der Nazis zu betreten, bot ihm die Geheimpolizei an, selbst für die Verlängerung zu sorgen, wenn er endlich das Land verlasse. Schließlich erklärte sich Blumenfeld einverstanden, den abgelaufenen Pass zu nehmen und auszureisen, wenn die Frist für die Ausreise um einen Monat verlängert würde.

Als Blumenfeld nun feststellen musste, dass kein Land bereit war, ihm ohne gültigen Pass ein Visum auszustellen, verlängerte er eigenhändig dessen Geltungsdauer und buchte einen Flug nach Odessa und eine Schiffsreise von Odessa nach Istanbul. Von Istanbul aus wollte er nach Spanien zur Internationalen Brigade, um die Genossen im Kampf gegen die Faschisten zu unterstützen. Er bat das spanische Konsulat in Odessa um ein Visum für Spanien und das türkische und französische Konsulat um ein Transitvisum. Am 30. Mai 1937, sieben Jahre nach seiner Ankunft in Moskau, schiffte er sich in Odessa ein und sah mit fünfundvierzig Jahren einer ungewissen Zukunft entgegen.

Trotz aller Schikanen verließ Blumenfeld die Sowjetunion überzeugter vom Kommunismus, als er bei seiner Ankunft gewesen war. Er fand für Unterdrückung und Verfolgung, die auch ihm nicht verborgen bleiben konnten, entschuldigende Erklärungen. Die Massenverhaftungen seien Kinderkrankheiten eines an sich guten und richtigen Systems. Hinter der Maske der Gewalt stecke doch immer ein menschliches Gesicht. Die Hungersnot, über die einige berichteten, sei sicher nicht so schlimm, denn er selbst habe keine Hungertoten gesehen, nur ein einziges Kind mit aufgeblähtem Bauch. Auch Verfolgungen fänden wohl vereinzelt statt, einmal habe er selbst gesehen, wie Männer und Frauen in großen Gruppen von Soldaten rücksichtslos durch die Straßen getrieben wurden. Dass diese Menschen aber geschlagen oder gefoltert würden, halte er nicht für wahr. Schwer falle es ihm auch, zu glauben, dass die Schauprozesse gestellt gewesen seien, denn das hieße doch, dass alte Revolutionäre nach einem Leben voll treuer Parteiarbeit und mutigem Kampf nicht gewagt hätten, »aller Welt ihre Unschuld zu verkünden, wenn ihnen in öffentlichen Verfahren Gelegenheit dazu gegeben wurde«.[89]

Trotz seines unerschütterlichen Glaubens war Blumenfeld allerdings froh, die Sowjetunion unbeschadet verlassen zu können. Er genoss eine Woche Odessa und das Schwimmen im Schwarzen Meer, besichtigte in Istanbul die Hagia Sofia, die großen Moscheen, die Häuser der Altstadt und stattete Taut einen Besuch ab. Anschließend fuhr er nach Paris und meldete sich, kaum angekommen, im Büro der KPD als Freiwilliger für die Internationalen Brigaden. Doch die Genossen waren misstrauisch, immerhin war er aus der Kommunistischen Partei der Sowjetunion ausgeschlossen und des Landes verwiesen worden. Blumenfeld blieb über den Ablauf seines Transitvisums hinaus in Paris, mietete ein kleines Hotelzimmer und konnte mit den hundert Dollar monatlich, die ihm sein Schwager aus New York schickte, ganz gut leben. Er besah sich die Bauten der Weltausstellung, traf Egon Erwin Kisch, der gerade aus Spanien zurückgekehrt war und ihm abriet, noch hinzufahren, da der Krieg gegen Franco verloren sei. Er traf sich mit den Schüttes und unternahm mit ihnen eine Tour zu den Loire-Schlössern. Im Oktober 1938 erhielt Blumenfeld ein Visum für die USA und fuhr über London, wo er Verwandte und Freunde besuchte, denen die Flucht aus Nazi-Deutschland gelungen war, mit dem Schiff nach New York, wo seine Schwester und sein Schwager ihn am Pier erwarteten.

Er hatte es gerade noch rechtzeitig geschafft. Denn das Jahr 1938 wurde für die in der Sowjetunion gebliebenen deutschen Architekten ein Schicksalsjahr. Im Januar 1938 wurde Bela Scheffler in Swerdlowsk verhaftet, im Mai 1939 wundersamerweise wieder entlassen, im Herbst 1941 erneut abgeholt, als Spion angeklagt und erschossen. Im Februar 1938 wurde Margarete Mengel, 32 Jahre alt, verhaftet und ein halbes Jahr später erschossen. Mengels und Meyers gemeinsamer Sohn Johannes, inzwischen elf Jahre alt, kam unter dem Namen Iwan Iwanowitsch in ein Heim für kriminelle Jugendliche. Von jeder Schulbildung ausgeschlossen, wurde er bereits mit fünfzehn Jahren als Grubenarbeiter unter Tage eingesetzt. Johannes Mengel erfuhr erst 1993 vom gewaltsamen Tod seiner Mutter und kehrte ein Jahr später als Spätaussiedler nach Deutschland zurück.

Anfang Februar 1938 wurde Antonin Urban verhaftet, gefoltert und wenig später an unbekanntem Ort und aus ungenannten Gründen erschossen. Urbans Frau, die Architektin Lusja Petrowka, wurde mit der gemeinsamen Tochter nach Osten deportiert. Unter der Folter hatte Urban einige Kollegen und Freunde als Mitspione benannt, was er zutiefst bereute, denn Urban sei, so Tolziner, bis zu seinem Tod immer ein aufrechter Mensch gewesen. Nach einem Verhör sei es ihm gelungen, durch das Fenster seiner Zelle dem Freund und Bauhauskollegen Anton Polgar, der sich in einer Zelle unter ihm befand, an einem Faden einen Zettel herunterzulassen, auf dem stand: »Lieber Polgar! Ich wurde gezwungen, über Dich falsche Aussagen zu machen, die Dich beschuldigen. Verzeihe es mir!«[90]

Am 19. Februar 1938 klopfte es nachts – Verhaftungen fanden fast immer zwischen Mitternacht und Morgengrauen statt – auch an Philipp Tolziners Tür. Zwei Männer in Zivil richteten ihre Pistolen auf ihn und befahlen ihm, sich auf einen Stuhl zu setzen. Sie durchsuchten sein Zimmer, füllten seine Aktentasche, die er für gute Arbeit von der Trustleitung bekommen hatte, wahllos mit Dokumenten und führten ihn ab. Die Tür seines Zimmers blieb unversiegelt, Freunde oder Kollegen wurden nicht verständigt. Sie brachten ihn in die Lubjanka, wo er unter dem Aktenzeichen Nr. 1312 eingetragen und verhört wurde. Immer die gleichen Fragen, immer die gleichen Antworten. Der Beamte schlief während des Verhörs mehrfach ein. Aufgewacht, saß er dem Gefangenen entweder stumm gegenüber oder schrie ihn wieder und wieder an: »Du Spion! Berichte über deine Tätigkeit!«

Tolziner wunderte sich, dass der Mann nichts von seiner Person zu wissen schien, und hoffte, dass sich alles doch noch als Irrtum herausstellen würde. Er suchte nach Gründen für seine Verhaftung. War sein kritischer Auftritt auf einer Versammlung der Angestellten von *Gorstroi-*

projekt falsch angekommen, auf der er den Entschluss der Leitung kritisiert hatte, die Abkommandierung der Planer auf die Bauplätze zu beenden? Hatte jemand unter Folter seinen Namen genannt? Er sollte es nie erfahren.

Bald nahm sich ein anderer Untersuchungsrichter seiner an und verschärfte die Gangart. Er befahl ihm, sich auf ein eisernes Liegegestell zu legen, und begann, ihn mit dem Gummiknüppel zu bearbeiten. Er habe bald erkannt, so Tolziner, dass ihm nur die Wahl blieb, totgeschlagen zu werden oder als Krüppel zu enden oder etwas zu gestehen, das er nicht getan hatte. Und so habe er gestanden, in Orsk Spionagematerial gesammelt und es Konrad Püschel und René Mensch, die er sicher im Ausland wusste, übergeben zu haben. »Was für Angaben das waren, fragte man mich nicht, und mein Verhör war beendet.«[91]

Einige Tage später widerrief Tolziner. Er habe ein falsches Geständnis abgelegt, um seiner Exekution zu entgehen; nie habe er sich als Spion betätigt. Sein Widerruf nützte ihm nichts. Das Urteil stand fest und wurde ihm ohne Gerichtsverhandlung mitgeteilt: »Im Herbst 1938 brachte man mich zu einem Beamten des Ministeriums, der mir sagte: ›Setzen Sie sich!‹ Seither fühle ich mich nicht gut, wenn man mir vorschlägt, mich zu setzen. Dann las er mir vor, dass ich wegen ›konterrevolutionärer Tätigkeit‹ auf 10 Jahre Gefängnis verurteilt bin. Worin diese Tätigkeit bestand, hat mir niemand gesagt, und ich wusste es auch nicht.«[92]

Tolziner wurde mit anderen Häftlingen in einen Zug nach Solikamsk verladen, von wo es zu Fuß in langen Kolonnen weiterging, bis sie ein Lager der USOLLag erreichten. Sie wurden in separaten Baracken untergebracht und von Häftlingen, die für die Lagerverwaltung arbeiteten, nach ihrer beruflichen Qualifikation gefragt. Tolziner erhielt das Angebot, als Architekt in der Hauptverwaltung zu arbeiten, doch er lehnte ab, da er mit einem befreundeten deutschen Mithäftling vereinbart hatte, zusammenzubleiben. Am nächsten Morgen ging es in Kolonnen weiter zu Fuß, rechts und links bewaffnete Wachen. Nach einigen Tagen gelangten sie zum endgültigen Lager, das inmitten eines riesigen Waldgebietes lag und mit einem hohen Zaun und vier hölzernen Wachtürmen an den Ecken gesichert war. Man gab ihnen Beile und Sägen und schickte sie in den Wald. Viele Häftlinge kamen bereits in den ersten Wochen, da sie mit Beil und Säge nicht umzugehen wussten, durch die umstürzenden Bäume ums Leben. Wer überlebte, litt an Hunger und Kälte.

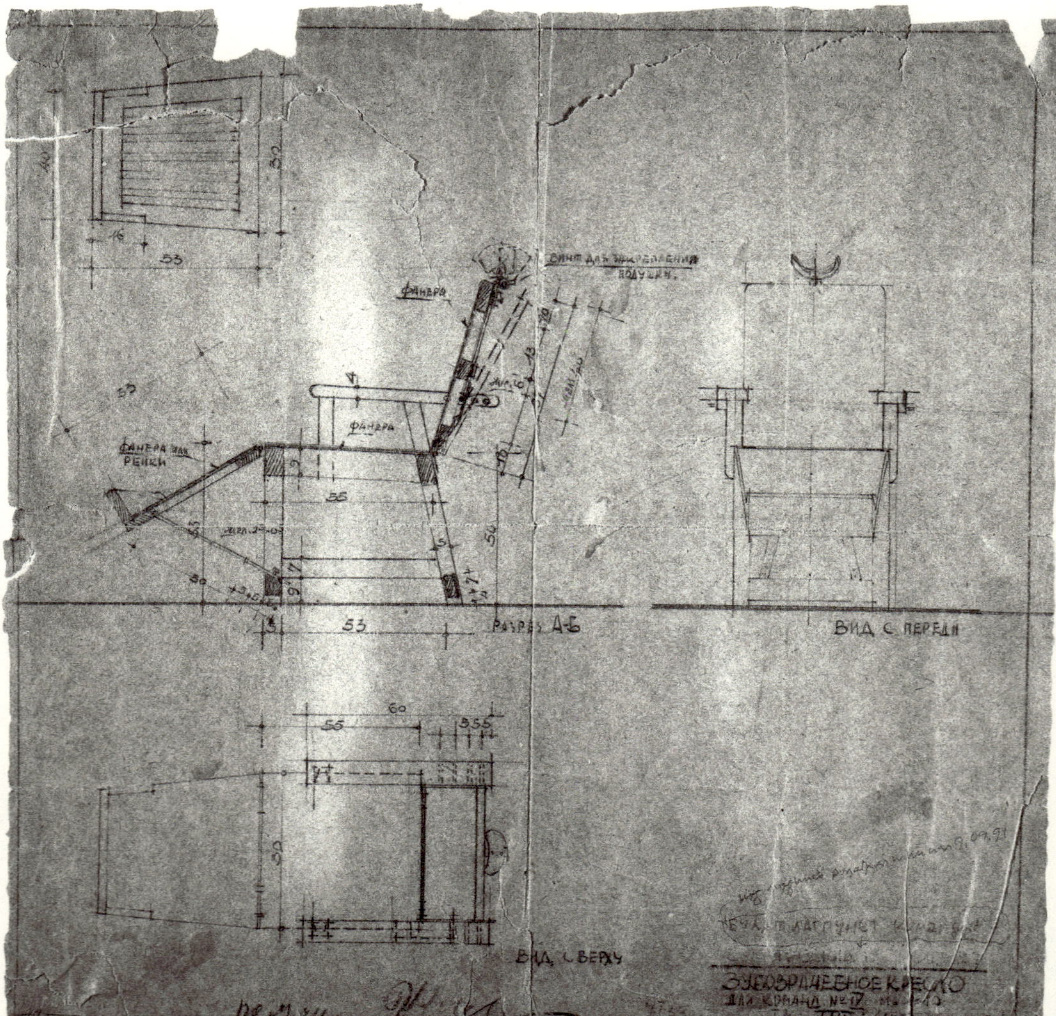

Philipp Tolziners Entwurf eines Zahnarztstuhls für Lagerhäftlinge.

1939–45 / Krieg und Exil

Am 1. September 1939 überfiel Hitler Polen, zwei Jahre später die Sowjetunion, die sich durch den deutsch-sowjetischen Nichtangriffspakt geschützt glaubte. Nach dem schnellen Vorstoß der deutschen Armeen auf Moskau sahen sich die wenigen noch auf freiem Fuß lebenden deutschen Architekten und Ingenieure erneut in Gefahr. Zu ihnen gehörte Kurt Liebknecht.

Liebknecht war zwar trotz seiner sowjetischen Staatsbürgerschaft und seines berühmten Namens eines Tages verhaftet, aber nach eineinhalb Jahren, vermutlich auf Fürsprache seines Vetters Helmi Liebknecht, wieder freigelassen geworden – ein Ereignis, das in seinen Lebenserinnerungen keine Erwähnung fand. Ende 1939 wurde Liebknecht rehabilitiert und zum Leiter der Abteilung Gesundheitswesen der Sowjetischen Architekturakademie ernannt. Er vermied es nun, deutsch zu sprechen, obwohl ihn sein leichter Akzent als Ausländer erkennen ließ, denn er fürchtete, angesichts der Greueltaten seiner früheren Landsleute, ein Opfer der Kollektivschuld zu werden. »So hatte ich mich jederzeit unter Kontrolle, und es gab keinen Moment, in dem ich etwas sagte, was man hätte falsch verstehen können.«[93]

Liebknecht meldete sich als Freiwilliger, wurde aber zwecks späterer Verwendung als Wiederaufbaukader vom aktiven Militärdienst freigestellt und blieb, während Frau und Sohn in östliche Landesteile evakuiert wurden, vorerst in Moskau zurück. Er wurde mit der Projektierung unterirdischer Lazarette betraut und der zivilen Feuerwehr zugeteilt, die Brandbomben löschen und die Verdunkelung überwachen sollte. Wenige Wochen später wurde Liebknecht mit der Architekturakademie ebenfalls nach Osten abkommandiert. Er landete in Tschimkent, einer kleinen Stadt in der kargen Steppenlandschaft des südlichen Kasachstans, und arbeitete weiter an Typenprojekten für Gesundheitsbauten. 1943 konnte er mit der Architekturakademie wieder nach Moskau zurückkehren.

Zu Kriegsbeginn saß Philipp Tolziner nach wie vor im Lager der USOLLag. Als ihm die Zehen in den für den russischen Winter ungeeigneten städtischen Gummigaloschen erfroren, versetzte ihn ein freundlicher Vorarbeiter zunächst auf einen anderen Holzplatz, wo sich die Häftlinge hin und wieder in einer warmen Baracke aufhalten konnten, bevor er auf die Krankenstation verlegt wurde, wo es warm war und er 400 Gramm Brot zusätzlich bekam. »Es ist möglich, dass ich aus diesem Grunde am Leben blieb.«[94]

Als eines Tages eine Zahnärztin ins Lager geschickt wurde, um sich die Zähne der Häftlinge vorzunehmen, entwarf Tolziner für sie einen Behandlungsstuhl aus Holz, der in der Lagerwerkstatt gefertigt werden konnte. Die Lagerleitung, von Tolziners speziellen Fertigkeiten überrascht, setzte ihn zunächst als Architekt in der örtlichen Verwaltung ein, danach aufgrund der Qualität seiner Arbeit in der Projektierungswerkstatt der Hauptverwaltung in Solikamsk. Er entwarf Wohnbaracken und Werkstätten für das Lager, Wohnhäuser für die Wachmannschaften, ein Offizierskasino und eine Villa mit Teich und Bootsanleger für die Gattin des Lagerkommandanten. Gegenüber den einfachen Häftlingen genoss er nun Privilegien, die seine Überlebenschancen erhöhten. Doch die Angst lauerte im Hintergrund. Jederzeit konnte alles gestrichen und er auf den Holzplatz zurückgeschickt werden, vor allem als nach dem Überfall Hitlers die deutschen Häftlinge aus den Lagern ausgesondert wurden. Um dem zu entgehen, schlug Tolziner der Verwaltung vor, ihn in den Häftlingslisten nicht als Deutschen, sondern als Juden zu führen.

Die Lagerverwaltung spielte mit. Es lag in ihrem eigenen Interesse, die brauchbaren Spezialisten unter den Häftlingen zu schützen, denn die GULags waren streng geführte, auf Erfüllung der Produktionspläne ausgerichtete Wirtschaftsunternehmen. Die Planerfüllung konnte nur durch die rationelle Verwertung der Gefangenen erreicht werden, die für ein Stück Schwarzbrot und einen Teller wässriger Suppe am Tag, für abgerissene Kleidung und eine Pritsche im Massenquartier gute Leistung als Spezialisten erbrachten. Die Massenquartiere bestanden aus in Reih und Glied aufgestellten Holzbaracken, die den Wohnbaracken der neuen Industriestädte glichen. Sie ähnelten auch auf beklemmende Weise Schwagenscheidts Skizze zum Thema kollektives Wohnen der Gruppe May, als wäre ein Scherz tausendfache Wirklichkeit geworden.

Während Tolziner sich in einem der vielen unwirtlichen Außenposten des Sozialismus als Architekt nützlich machte, saß Hannes Meyer noch immer arbeitslos in der Schweiz und versuchte ins Ausland berufen zu werden. Er reiste 1938 zu Vorträgen in die Vereinigten Staaten – vergebens, denn die Rolle des »Mr. Bauhaus« war mit Gropius bereits prominent besetzt. Gropius zeigte zudem wenig Neigung, sich für Meyer wie für andere Protagonisten des Neuen Bauens einzusetzen, da er ihn seit dem Bauhausskandal für einen unehrlichen Menschen und radikalen Kleinbürger hielt, der alle getäuscht habe. »Wie ich zu spät erkannte, legte er es darauf an, seine wahren Absichten zu verbergen, bis er im Sattel saß. Er opferte die persönliche Integrität seinen verdeckten politischen Absichten.«[95]

Meyer zog weiter zum Internationalen Städtebau-Kongress in Mexiko, wo er zwei Vorträge an der Universität San Carlos hielt und schließlich vom Staatspräsidenten Lázaro Cárdenas zum Direktor eines neu zu gründenden Städtebaulichen Instituts nach Mexiko-Stadt berufen wurde. Cárdenas war ein radikaler Reformer, der, obwohl erst kurz im Amt, bereits 18 Millionen Hektar Land an die besitzlosen Bauern verteilt und die ausländischen Erdölgesellschaften enteignet hatte. Er stellte sich auf die Seite der spanischen Republik, erkannte die Annexion Österreichs durch Hitler nicht an und öffnete das Land für Flüchtlinge, vor allem für spanische Republikaner, die in Frankreich gestrandet waren.

Als Hannes Meyer mit Ehefrau Lena und Tochter Lilo im Juni 1939 in Mexiko-City eintraf, holte ihn ein kleines Empfangskomitee, bestehend aus fünf mexikanischen Kollegen, am Bahnhof ab und brachte ihn ins Hotel Carlton. Einige Wochen später konnte er bereits eine gut ausgestattete Wohnung beziehen. Die Einrichtung des Städtebaulichen Instituts ließ dagegen auf sich warten, wie er Tibor Weiner am 21. August 1939 berichtete: Seine Anstellung sei noch immer nicht perfekt. Es fehle an Geld. Nun sitze er schon fast drei Monate da, ohne Einnahmen. Der Minister behaupte, dass seine Sache gut stehe, der Abteilungsleiter, dass kein Geld in der Kasse sei. Was die Zeitschrift *Arquitectura y Decoración* betreffe, könne er ihm erst für das kommende Jahr eine Publikationsmöglichkeit versprechen, da vorerst seine und Lenas Arbeiten erscheinen würden. Mit einem Empfehlungsschreiben tue er sich im Moment etwas schwer, da seine mexikanischen Bekannten, die über gute Kontakte verfügten, gerade sehr überlastet seien.

Tibor Weiner war es mit Ehefrau Judit in letzter Minute gelungen, Frankreich zu verlassen und in Chile Asyl zu bekommen. Ihre Rettung verdankten sie Pablo Neruda, der von der neuen Volksfrontregierung nach Paris geschickt worden war, um den in Frankreich gestrandeten Spanienkämpfern die Einreise nach Chile anzubieten.

Weiner war, wie er Hannes Meyer im Oktober 1939 mitteilte, überglücklich. Sie seien nun endlich in Chile angekommen. Ihre ersten Eindrücke seien positiv, die Menschen, die mit romanischem Elan auf die Neuankömmlinge zugingen, gastfreundlich und offen, die Landschaften herrlich. Wenn man sich allerdings einmal etwas akklimatisiert habe, sei alles leider nicht mehr so rosig. Arbeit zu finden gestalte sich schwierig. In den großen staatlichen Architekturbüros, die ihn an den sowjetischen Projektierungstrust Giprowtus erinnerten, dürfe er nicht arbeiten, da er kein Chilene sei und es erst in fünf Jahren werden könne. Derzeit bleibe ihm nur, seine Arbeitskraft an einen der etablierten einheimischen Privatarchitekten zu verkaufen, der gute Aufträge, aber wenig Lust zum Arbeiten habe. Der Markt für Privatarchitekten sei allerdings klein, da ein Bedürfnis nach architektonischer Qualität in Chile nicht vorhanden sei. Einen Mittelstand gebe es kaum, die Aristokratie sei abgetaucht, der Arbeiterstand zu arm, um überhaupt architektonische Bedürfnisse zu haben.

Trotz allem sei er guter Laune und mache derzeit vom Briefkopf bis zum Möbel alles, was anfalle, und lerne fleißig Spanisch. Wenn Meyers mexikanische Angelegenheit scheitern sollte, wüsste er ihm Verbindungen in Santiago zu verschaffen, wo er sich für eine Übergangszeit vertraglich sichern könnte. Ob er etwas von Tolziner gehört habe. Dessen Schwester schreibe ihm, dass sie sich große Sorgen um ihn mache. Er habe sie, so sehr er konnte, beruhigt, da sie im Augenblick ja wirklich nichts unternehmen könnten. Wenn Meyer zufällig mit irgendjemandem von »drüben« in Verbindung komme, würde es ihn riesig interessieren, was eigentlich jetzt da los sei.

Meyer gratulierte Weiner zu der kurz vor Toresschluss gelungenen Flucht. Seine eigene Lage in Mexiko habe sich seit dem letzten Brief etwas gebessert. Das Städtebauliche Institut, dessen Budget bislang nicht bewilligt worden sei, solle nun Anfang 1940 eröffnet und er rückwirkend bezahlt werden. Bevor er das Geld nicht in der Hand habe, glaube er aber gar nichts. Für Lena, der eine Professur als Textilgestalterin zugesagt worden sei, habe sich leider noch nichts ergeben, da überhaupt keine Webstühle vorhanden seien. »Es ist ein zu sehr von Gaunerei und Geldmangel durchfurchtes Land.«[96]

Momentan sei er dabei, zwei Bücher zusammenzustellen, die seine Erfahrungen am Bauhaus und an der Moskauer Hochschule für Architektur und Bauwesen darstellen sollten – vielleicht Meyers Antwort auf die 1938 ausgerichtete Bauhaus-Ausstellung im Museum of Modern Art in New York, die nur die Ära Gropius umfasste. Für das Buch suche er noch Bildmaterial, ob er ihm nicht etwas schicken könnte. Den Vorschlag, Verbindungen nach Santiago aufzunehmen, finde er zwar verlockend, aber er wolle doch zuerst alles versuchen, in Mexiko zu bleiben, da er hier sehr gut eingeführt und das politische Leben hochinteressant sei. Von Tolziner habe er nur gehört, dass dessen Angehörige ihn nicht mehr erreichen könnten. Er habe daher Tolziners Schwester, die mit den Eltern in Quito gelandet sei, einige Anweisungen gegeben, an wen sie sich wenden sollte, da er selbst in diesem Fall nichts unternehmen könne. Alles sei sicher gar nicht so schlimm. Erst vorgestern habe er von einem Kollegen gehört, der für mehrere Jahre irgendwo in die nordöstlichen Wälder verschickt worden sei und dessen Frau ihn für einen Tag habe besuchen dürfen.

Tibor Weiner blieb weiter mit Hannes Meyer in Kontakt und schickte ihm an Neujahr 1940 Grüße und die besten Wünsche für das neue Jahr. Er habe gerade an zwei Wettbewerben teilgenommen und einen dritten sowie einen ersten Preis gewonnen. Dieser Erfolg sei zur rechten Zeit gekommen und habe die Familie sehr erfreut. Sonst sei nicht viel zu berichten. Er arbeite in Gehrock und steifem Kragen im Ministerio de Fomento, leider nicht als Architekt, da sein Diplom noch nicht anerkannt worden sei, sondern als Grafiker. Er helfe, den Städtebaukongress, der nächsten März in Montevideo stattfinden werde, vorzubereiten, ob Meyer denn hinfahre. Wenn ja, könne er ihm vielleicht eine Einladung besorgen, denn er würde ihn gerne wieder einmal treffen und etwas in der Welt herumsegeln. In Chile sei es auf Dauer doch ein bisschen wie »hinter Gottes Rücken«. Es gebe keine anständige Bibliothek und nur sehr wenig Menschen, die sich für irgendetwas interessierten.

Meyer ließ sich mit der Antwort Zeit. Nein, er gehe nicht nach Montevideo, schrieb er schließlich im März, er halte von diesen Kongressen nicht viel, und so werde man auf seinen Geist dort verzichten müssen. Er sei jetzt endlich Direktor des Städtebaulichen Instituts, auch wenn das nur ein schöner Name für eine Schulklasse mit neun hungrigen Studenten und neun Zeichentischen sei. Er habe eben selbst mit zehn weiteren Architekten an einem Wettbewerb für ein neues Sport-, Kultur- und Sozialzentrum der Spanischen Kolonie teilgenommen. »Natürlich bin ich ehrenvoll untergegangen. Jetzt schweben Verhandlungen für einen Ankauf meines Projekts.«[97]

Auch wenn Meyer beim Wettbewerb für die Spanische Kolonie immerhin den vierten Platz belegte, hielt er die Entscheidung für politisch motiviert und gegen ihn persönlich gerichtet. Wieder einmal fühlte er sich wie in der Sowjetunion als Fremder und Feind behandelt, sah überall Intrigen, beklagte den Chauvinismus der Gesellschaft und die schmutzigen Geschäfte der Privatleute. Und doch war Meyer, wie er Freunden in der Schweiz gestand, mit seiner Lage nicht gänzlich unzufrieden. Er lerne eine Menge Neues, das Land sei hervorragend schön. Sie seien oft zu Fuß unterwegs, kletterten auf Vulkanen herum und fotografierten viel. Das Milieu sei lebendig, es gebe viele interessante Menschen und eine Gesellschaft im Umbruch. Selten werde man irgendwo anders so viele Völker und Sprachen, ein herrliches historisches Erbe, eine starke Bauern- und Arbeiterbewegung nah beieinander finden.

Im Dezember 1940 jedoch wurde Cárdenas als Regierungschef abgelöst, da aufgrund der Verstaatlichung die mexikanische Ölproduktion zusammenzubrechen drohte und die Wirtschaftssanktionen der enteigneten Länder die Inflation stark ansteigen ließen. Sein Nachfolger, Manuel Ávila Camacho, versprach, die USA und England für die Enteignung zu entschädigen und hierfür Einsparungen bei den Staatsausgaben vorzunehmen. Im Zuge der Sparmaßnahmen wurde das gerade erst ins Leben gerufene Städtebauliche Institut wieder geschlossen und Meyer entlassen. Er hielt die Sparmaßnahmen für einen vorgeschobenen Grund und sah sich erneut als Opfer einer politisch motivierten Intrige. Man tue alles, so schrieb er den Schweizer Freunden, um ihm, dem Ausländer und Kommunisten, das Leben schwerzumachen, konstruiere Zwischenfälle, unternehme Angriffe, behalte das ihm zustehende Gehalt ein und wolle ihn zum Gehen veranlassen. Schlimm sei zudem, dass ihm die Vereinigten Staaten für Vorträge verschlossen seien, wo er sonst leicht in ein, zwei Monaten das Nötige für das ganze Jahr zusammenfischen könnte. »Ich denke nicht, dass ich mich überhaupt noch hier lange werde halten können.«[98]

Doch bald schien es wieder aufwärts zu gehen. Meyer wurde Technischer Direktor der Abteilung für Arbeiterwohnungen im mexikanischen Arbeitsministerium, ein Posten, der zwar bescheiden bezahlt, aber mit interessanten Projekten verbunden war. Er entwickelte mit der Lomas de Becerra in Tacubaya eine der vielen Arbeitersiedlungen, die aufgrund eines Gesetzes der Regierung entstanden, das alle Industrieunternehmen mit mehr als hundert Mitarbeitern verpflichtete, Wohnungen für ihre Beschäftigten mitsamt der dazugehörigen Infrastruktur zu bauen. Lomas de Becerra besteht aus sechs Wohnquartalen mit Kindergarten und Spielplatz. Die Quartale setzen sich aus dreigeschossigen Wohnzeilen zusammen, die 180 bis 200 Meter lang sind und deren strenge Nord-Süd-Orientierung ein Maximum an Besonnung sichert. Die Quartale werden von einem 40 Meter breiten Grünstreifen mit Spiel- und Sportplätzen voneinander getrennt. Der Plan für Loma de Becerra zeigt, dass sich Meyer beim Projektieren noch immer nach den Prinzipien des Neuen Bauens richtete.

Anfang 1944 wurde Meyer Architekt-Sekretär der Planungskommission für Spitäler und Kliniken des mexikanischen Volksversicherungsinstituts, das zwischen 1941 und 1946 in ganz Mexiko etwa fünfzig große Krankenhäuser errichten ließ. Zusammen mit dem Medizin-Sekretär erarbeitete er die Funktionsprogramme der Kliniken und stützte sich dabei auf wissenschaftliches Material aus Westeuropa, das er auf Mexiko anzuwenden versuchte, obwohl die hygienischen Verhältnisse rückständiger waren und weniger ausgebildetes Personal zur Verfügung stand.

Mexiko war ein schwieriges Exilland, nicht nur für Meyer, sondern für die meisten der nicht Spanisch sprechenden Emigranten. Sie blie-

Manzana de Corpus Cristi in Mexiko Stadt; Entwurf von Hannes Meyer 1947

ben für die Dauer ihres Aufenthalts auf Hilfsgelder internationaler Organisationen angewiesen; nur einigen wenigen gelang es, erfolgreiche Geschäftsideen zu entwickeln. Ein sozialdemokratischer Funktionär etwa eröffnete ein Restaurant mit deutscher Küche, ein früherer Reichstagsabgeordneter produzierte Rosenkränze. Sie alle trafen sich in der deutschsprachigen Emigrantenszene mit all ihren Gerüchten und Intrigen, Machtkämpfen und Streitigkeiten. Auch Meyer, dem seine Lehr- und Forschungstätigkeit viel freie Zeit ließ, mischte sich ein.

Er wurde Mitglied der Ausländerzelle der Mexikanischen KP und trat der politisch unabhängigen Liga für deutsche Kultur bei, die sich mit Vorträgen, Lesungen, Büchern und Zeitschriften der antifaschistischen Propaganda verschrieb. Heftige Auseinandersetzungen führten bald zu einer Aufspaltung der Liga in eine kommunistische und eine nichtkommunistische Fraktion, die sich gegenseitig denunzierten und mittels Intrigen bekämpften.

Der selbstbewusst und entschieden auftretende Meyer – Mart Stam beschrieb ihn schon zu Bauhauszeiten als immer sehr ernst und wichtig – hatte wie in Dessau und Moskau auch in Mexiko-Stadt nicht nur Freunde. Er neigte dazu, sich offen bis zur Schroffheit zu äußern und exponierte sich immer wieder politisch unklug. Den Versuch der Gründung einer deutschen KP-Gruppe in Mexiko etwa kanzelte er mit den Worten ab, dahinter stünde eine Gruppe von Intellektuellen, die keinen Boden unter den Füßen hätten, aber von einer deutschen Parteigruppe träumten.[99] Bald hielten ihn die deutschen Antifaschisten für einen Stalinisten und sowjetischen Agenten, die deutschen Kommunisten dagegen für einen trotzkistischen Abweichler.

Trotz aller Querelen machte sich Meyer im Emigrantenmilieu nützlich. Er spendete Geld und half, wo er konnte. Er verschaffte der Schriftstellerin Anna Seghers eine gebrauchte Schreibmaschine, zeichnete, als 1941 die deutschen Kommunisten die Zeitschrift *Freies Deutschland* gründeten, ehrenamtlich die Titelklischees und half bei Satz und Druck.

Für den Exilverlag *El libro libre* gestaltete er die Buchumschläge, wählte Illustrationen aus und leitete den Satz – auch wenn er nicht alle Bücher, die im Verlag erschienen, gutheißen konnte. Lion Feuchtwangers Buch *Unholdes Frankreich* etwa, ein Bericht von den Sorgen und Leiden eines Flüchtlings im Frankreich des Jahres 1940, missfiel Meyer sehr, da ihm die Darstellung persönlicher Erlebnisse angesichts des Schicksals der Massen unerheblich schien: »Ein typisches Buch des Papierverschleuderns, des literarischen Seiches und ein Zeugnis der krassen ›Leiden‹, die solchen Poeten widerfahren sind.«[100]

In seinem Beruf konnte sich Meyer in Mexiko allerdings nicht etablieren. Um sich nach dem Debakel mit dem Städtebaulichen Institut als freier Architekt niederlassen zu können, fehlte es ihm, da er ja schon seit 1930 kaum mehr etwas gebaut hatte, inzwischen an Praxis. Da es ihm zudem nicht gelang, eine positive Einstellung zu seiner neuen Heimat zu finden, blieb ihm auch die Partnerschaft mit einem mexikanischen Architekten verwehrt. Ständig kritisierte Meyer die Unfähigkeit der Mexikaner, die im ganzen Land herrschenden chaotischen Zustände und die allgegenwärtige Korruption. All das ließ ihn letztlich ins Abseits geraten, »so dass er schon während seiner letzten Jahre unter den mexikanischen Architekten total in Vergessenheit geriet«.[101]

Im Gegensatz zu Meyer konnte sich der 17 Jahre jüngere Tibor Weiner in seinem Exilland beruflich erfolgreich integrieren. Nach anfänglichen Gelegenheitsjobs kooperierte er mit dem chilenischen Architekten Ricardo Muller und baute unter anderem 1940 eine Markthalle in Concepción, einen Schalenbau aus Stahlbeton, der bis heute als eines der eindrucksvollsten Zeugnisse des Neuen Bauens in Lateinamerika gilt. Das Gebäude sollte 2013 unter Denkmalschutz gestellt werden, brannte aber vorher aus und wurde abgerissen.

Weiner wurde schließlich als Dozent an die Universidad de Chile berufen, wo er 1946 mit Hilfe der Studenten einen neuen Lehrplan durchsetzte, eine modifizierte Bauhauslehre, die sogenannte *arquitectura inte-*

gral. Neben städtebaulicher und architektonischer Gestaltung wurde ganz im Sinne Meyers auch Bautechnik, Philosophie und Soziologie gelehrt und Wert auf wissenschaftliche Analysen sozialer, regionaler und klimatischer Bedingungen gelegt.

Von den anderen Mitgliedern der Bauhausbrigade Rot Front, die überleben konnten, wenn auch sicher nicht so, wie sie sich das gewünscht hätten, ist aus der Kriegs- und Exilzeit nicht viel zu berichten. René Mensch verließ 1941 nach dem Einmarsch britischer und sowjetischer Truppen den Iran, der zu einer Art Nachschubkorridor amerikanischer Waffen für die Sowjetunion wurde, und kehrte nach Basel zurück. Er versuchte, sich als freier Architekt durchzuschlagen, und projektierte Luftschutzbunker für die Schweizer Armee. Konrad Püschels kleines Glück mit Frau und Kind im stillen Winkel des Thüringer Waldes war im Mai 1940 bereits wieder zu Ende. Er wurde als Infanterist eingezogen und hatte dem NS-Regime, das er verabscheute, als Soldat zu dienen. Sein Bauhauskollege Alfred Arndt dagegen konnte, vom Kriegsdienst freigestellt, in Probstzella bleiben und weitere Industriebauten errichten.

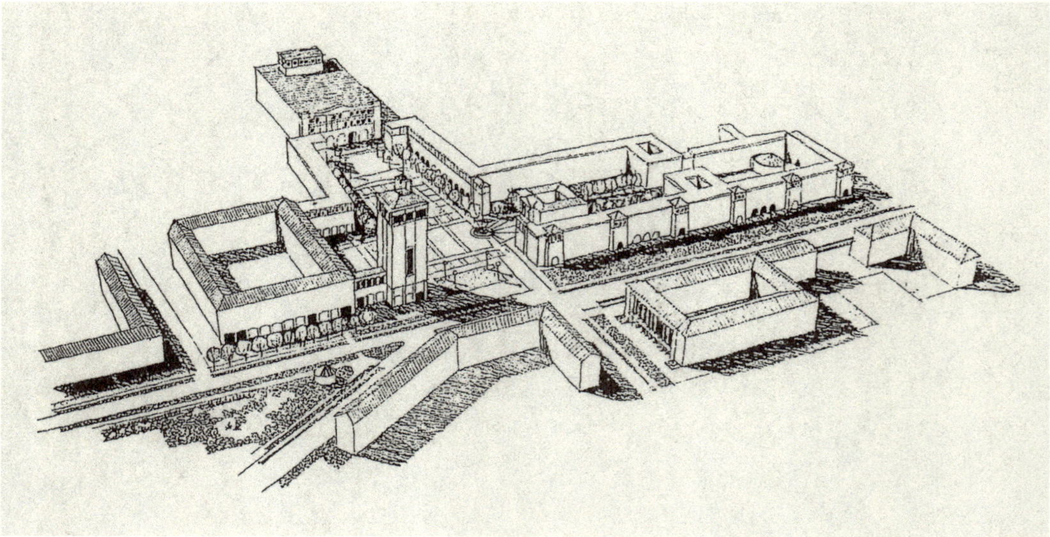

Tibor Weiner: Hauptplatz Sztálinváros, Vogelperspektive, 1951

1946–55 / Heimkehr in die Fremde

Nach Kriegsende kamen mit der siegreichen US-Armee die ersten Emigranten als *visiting experts* nach Deutschland zurück. Unter ihnen befand sich Walter Gropius, der im Sommer 1947 von der US-Armee als Berater für die Planung des Wiederaufbaus herangezogen worden war. Entsetzt schrieb er Frau Ise: »Berlin ist gewesen! Ein zerfallener Leichnam! Unmöglich zu beschreiben. Die Menschen niedergebeugt, verbittert, hoffnungslos.«[102] Die alten Freunde und Kollegen seien kaum wiederzuerkennen, so alt sähen sie aus, und er könne nur davon abraten, jetzt nach Deutschland zurückzukehren. Auch wenn der Marshallplan einige Hilfe verspreche, würde es doch noch lange dauern, bis es dem Land wieder besser gehe. Gropius selbst blieb für immer in den Vereinigten Staaten und kehrte später nur noch besuchsweise in die Bundesrepublik zurück.

Auch Hans Blumenfeld, der inzwischen, seine Mitgliedschaft in der Kommunistischen Partei verschweigend, amerikanischer Staatsbürger geworden war, kam 1949 als städtebaulicher Berater. Der Anblick der Trümmer überall in den Städten nahm ihn weniger mit als erwartet. Viel befremdlicher berührte ihn, was alles beim Alten geblieben war. »Während meiner Kindheit hatten wir oft bei Petersen in unserer Nachbarschaft Blumen gekauft. Als ich an dem Geschäft vorbeikam, stand es noch vollkommen unverändert. Das war unheimlich. Hamburg hatte den Ersten Weltkrieg, die Revolution, die Weimarer Republik, die Nazi-

Tyrannei, den Zweiten Weltkrieg, die Bombenangriffe, die Niederlage und den Hunger der Nachkriegszeit durchgemacht – und die ganz Zeit über hatte Herr Petersen seine Blumen verkauft.«[103]

Neben seinen amtlichen Pflichten blieb Blumenfeld genügend Zeit, in Europa herumzureisen. Er nahm am CIAM-Kongress in Bergamo teil, wo sich die überlebenden Protagonisten des Neuen Bauens wiedertrafen und Konzepte für den Wiederaufbau vorstellten. Bei den Präsentationen der Entwürfe fiel ihm auf, dass nach ungemein scharfsinnigen Analysen der unterschiedlichen örtlichen Gegebenheiten die vorgeschlagenen Lösungen immer die gleichen waren: Hochhäuser und langgestreckte Wohnscheiben. Blumenfeld besuchte die DDR, wo die Genossen ihn für den Aufbau des sozialistischen Deutschlands zu begeistern suchten, er sich aber nicht vorstellen konnte zu leben. Er hätte seine Vaterstadt Hamburg vorgezogen, wo sein Geburtshaus in der Rothenbaumchaussee noch stand, sich für den bekennenden Kommunisten aber kein leitender Posten als Stadtplaner fand.

Einer der Gründe, warum Blumenfeld nach Europa gekommen war, war sein Wunsch, mit den alten und neuen Genossen über den stalinistischen Terror zu diskutieren. Er hatte zwar mitbekommen, dass viele Leute, von deren Unschuld er überzeugt war, eingesperrt wurden, den Berichten über Folterung und Ermordung ohne Gerichtsverfahren aber nicht glauben können. Erst als sie ihm von verlässlichen Genossen bestätigt wurden, musste er sich die Wahrheit eingestehen. Als Blumenfeld einen von ihm hochgeachteten niederländischen Genossen fragte, wie Kommunisten eine solche Verletzung alles dessen, wofür sie eintraten, hinnehmen konnten, bekam er zur Antwort: Es seien von der sowjetischen Regierung ganz sicher viele Fehler gemacht worden, aber sie alle könnten am sowjetischen Volk niemals wiedergutmachen, was sie ihm für die Befreiung der Welt vom Faschismus schuldeten. »Das war zwar wahr, aber eine Antwort auf meine Frage war das nicht.«[104] Irgendwann gab sich Blumenfeld die Antwort selbst: Der brutale Terror sei eine Folge von Stalins Paranoia gewesen. Als diese immer stärker geworden wäre, hätten die führenden Genossen versucht, ihn zu stürzen. »Als es ihnen nicht gelang, Stalin zu ersetzen, wurde ihnen klar, dass die Sowjetunion den kommenden Sturm unter seiner Führung durchstehen musste und dass sie ihr Land schwächen würden, wenn sie ihn diskreditierten.«[105]

Ins kriegszerstörte Deutschland kehrte 1947 auch Konrad Püschel zurück. Püschel war im Januar 1945 von den Russen verhaftet worden und ins Visier der Geheimpolizei geraten, die ihn, den einfachen Wehrmachtsgefreiten, aufgrund seiner Russischkenntnisse für einen hochrangigen NS-Offizier und faschistischen Spion hielt und vor ein Militärgericht stellte. Er landete in einem Strafbataillon der Roten Armee, kam schließlich in das Kriegsgefangenenlager Zichinow und lernte so doch noch das sowjetische Lagerleben kennen. Wie alle Deutschen von den Russen verachtet, bekam er täglich 300 Gramm Brot und eine dünne Suppe. »Wir waren ›Fritzen‹, waren ohne Kultur, waren der letzte Dreck, der Abschaum der Menschheit, wert, versklavt, liquidiert zu werden. Man möchte kein Deutscher mehr sein, lieber tot.«[106]

Ostern 1945 wurde Püschel in das Lager Wilna verlegt und dem Arbeitskommando für Reparaturen kriegsbeschädigter öffentlicher Bauten des Volkskommissariats für Staatssicherheit zugeteilt. Zunächst als Handwerker eingesetzt, wurde er bald Assistent des Hauptbauleiters. Er genoss nun einige Privilegien, bekam Essen aus der Offiziersküche und zehn Tage Lagerurlaub. Doch im Spätsommer 1947 wurde er in das Lager Baranowitschi in Weißrussland transportiert und als Arbeitssklave beim Bau der Südautobahn eingesetzt. Der Stand des Bauwesens war noch so, wie er ihn zehn Jahre zuvor kennengelernt hatte. »Es war schwerer Straßenbau; einzige maschinelle Hilfsmittel waren Studebakers, LKW aus den USA, die Material vom Bahnhof, von Kiesgruben und Steinbrüchen herbeibrachten. Vielleicht hatten Ägypten und Rom mehr Mechanisierung als wir.«[107]

Ende des Jahres durfte der inzwischen vierzigjährige Püschel mit den ersten Kriegsgefangenen heimkehren, wobei sie zum Abschied ermahnt wurden, zu Hause nur Gutes über die Sowjetunion und ihre Gefangenschaft zu berichten. So kam Püschel, geschunden an Leib und Seele und auf 40 Kilo abgemagert, Frau und Kindern fremd geworden, am 23. Dezember 1947 wieder nach Probstzella. Nachdem er sich etwas erholt hatte, begab er sich auf Arbeitssuche und bekam auf Empfehlung eines vom Kriegsdienst verschont gebliebenen Bauhaus-Kommilitonen zunächst eine Dozentenstelle, später eine Professur an der neu gegründeten Hochschule für Baukunst und bildende Künste in Weimar.

Auch Kurt Liebknecht, der sich schon 1944 mit Wilhelm Pieck und Walter Ulbricht in Moskau getroffen hatte, kehrte 1947 nach Deutschland zurück. Er folgte dem Befehl der Partei, obwohl er sich nach sechzehn Jahren in der Sowjetunion und verheiratet mit einer Russin, die mit dem gemeinsamen Sohn Otto in Moskau blieb, fremd in Deutschland fühlte. Da er aber aus der Sowjetunion gewohnt war, sich den parteipolitischen Notwendigkeiten zu unterwerfen und dabei seine persönlichen Empfindungen weitgehend zurückzustellen, fand er letztlich zur geforderten Einsicht.

Liebknecht wurde wissenschaftlicher Sekretär am Institut für Bauwesen der Akademie der Wissenschaften und sofort propagandistisch tätig. Er veröffentlichte Erfahrungsberichte über seine Zeit in der Sowjetunion und nahm, wie gewohnt, eine moskautreue Haltung ein. Während ihn die nichtkommunistischen Kollegen bald für einen engstirnigen Funktionär hielten, fühlte Liebknecht sich ihnen kraft seiner marxistisch-leninistischen Schulung und sowjetischen Erfahrungen weit überlegen. »Die Auffassung einiger meiner Mitarbeiter und Kollegen von den aktuellen Aufgaben war teilweise recht verwirrt, und es trat häufig ein Individualismus zutage, der mit einer Planung der wissenschaftlichen Arbeit, wie ich sie aus der Sowjetunion kannte, nichts zu tun hatte.«[108]

Schien es in den ersten Jahren nach 1945 noch möglich, dass die von den Nationalsozialisten diffamierten Prinzipien des Neuen Bauens beim Wiederaufbau im Osten Deutschlands Anwendung finden könnten –, immerhin hatte man 1948 Mart Stam an die Hochschule für Werkkunst und an die Akademie der bildenden Künste nach Dresden berufen – wurde bald klar, dass die Sowjetunion eine enge Anbindung an den eigenen Kanon wünschte. Eine ins gelobte Land gereiste Delegation kam 1950 mit sechzehn Grundsätzen zurück, die fortan das Baugeschehen bestimmen und die Ausbildung einer Architektur nationaler Traditionen sicherstellen sollten. Liebknecht, der sich mit den sowjetischen Forderungen bestens auskannte, stieg in Führungspositionen auf und wurde zu einem der wichtigsten Männer des DDR-Bauwesens, obwohl er nach Ansicht von Karola Bloch seine Position mehr dem berühmten Namen als seinen Fähigkeiten verdankte. Er wurde Leiter des Instituts für Bauwesen der Deutschen Akademie, Leiter des Instituts für Städtebau und Hochbau im Ministerium für Aufbau, Präsident der Bauakademie, der zentralen Forschungs- und Planungsinstitution der DDR, und 1954 Mitglied des Zentralkomitees der SED.

Mart Stam dagegen wollte, obgleich ebenfalls nach wie vor Kommunist, von den Prinzipien des Neuen Bauens nicht abrücken und kehrte 1953 enttäuscht in die Niederlande zurück, da er öffentlich als Formalist angeprangert wurde und Verfolgung fürchten musste. Vielleicht hätte er noch etwas warten sollen, denn nach Stalins Tod kündigte sich mit Chruschtschows Forderung an seine »lieben, allzu teuren Architekten«, schneller, besser und billiger zu bauen, eine erneute Wende an, die seine Stellung möglicherweise gefestigt hätte. Kurt Liebknechts Karriere ging indessen nun ihrem Ende entgegen. Der treue Parteisoldat kam mit der neuen Zeit nicht mehr mit. Ihm fehlte die Kraft und die Wendigkeit, die Umkehr im Bauwesen mitzutragen. Seine Stelle als Präsident der Bauakademie übernahm ein Verfechter der radikalen Standardisierung: Gerhard Kosel, Tauts Schüler, der noch 1934 in die Sowjetunion gegangen, dort geblieben und erst zwanzig Jahre später nach Berlin zurückgekehrt war.

Wie Mart Stam wäre auch Hannes Meyer gerne einem Ruf in die DDR gefolgt. Er hatte sich, als 1945 der Postverkehr nach Europa wieder möglich war, mit vielen Briefen aus Mexiko zurückgemeldet. Neben den Schweizer Freunden und Kollegen kontaktierte er besonders ehemalige Bauhaus-Studenten wie Heinrich Stark und Waldemar Alder, die während des Krieges in Deutschland geblieben waren und Posten im Ostberliner Bauwesen innehatten. Meyer schickte Care-Pakete, Bücher, Broschüren und berichtete von seinen Projekten für die mexikanische Hospitalkommission, den Ausstellungen für das Nationale Schulkomitee und der ersten Schulbauzeitschrift des Landes, die er mit Lena herausgab.

Waldemar Alder meldete sich zurück und berichtete Meyer im Juni 1947 von der furchtbaren Zerstörung Dessaus, die eine Wiedereröffnung des Bauhauses nicht erwarten ließ. Man habe stattdessen in Weimar die Hochschule für Baukunst und bildende Kunst zur Hochschule für Architektur und Bauwesen umgewandelt und alte Bauhäusler als Professoren berufen – selbst solche, die man als offene oder getarnte Nazis kenne, für die, wäre statt Hitler, der das Neue Bauen als Kulturbolschewismus abtat, Mussolini, der es unterstützte, ans Ruder gekommen, wohl alles wunderbar in Ordnung gewesen wäre. »Hier wird ein Kult entwickelt, als wären die Bauhäusler eine besondere Sorte Menschen, mit besonders künstlerischen Qualifikationen und ausgezeichneter Geisteshaltung. Dem ist nicht so. Ich konnte gerade in den 12 Jahren feststellen, dass sich unsere werten Kollegen recht wohl im Dritten Reich gefühlt haben.«[109]

Meyer müsse sich, so Alder weiter, darüber im Klaren sein, dass weder die kommunistischen Funktionäre, die gleich nach Kriegsende aus Mexiko nach Ostdeutschland zurückgekehrt seien, noch die im nationalsozialistischen Deutschland verbliebenen Bauhäusler gut von ihm sprächen. Man erzähle viel Despektierliches über seine Tätigkeit in der Sowjetunion und seine Haltung im mexikanischen Exil. Viele nutzten die Gelegenheit, Meyer etwas anzuhängen. Nur wenige verteidigten ihn wie er, Alder, selbst gegen seine früheren Jünger. Er habe ihn als Lehrer für die Hochschule Berlin-Weißensee vorgeschlagen, doch sein Vorschlag sei von oben abgelehnt worden. Auch tingle er mit der Mappe revolutionärer Grafik, die Meyer ihm vom mexikanischen Werkstatt-Kollektiv geschickt habe, durch die Ostberliner Verwaltung, um eine Ausstellung anzuregen. Er zumindest würde es begrüßen, wenn Meyer bald einmal unter ihnen wäre. Er könnte ihnen einen großen Aufschwung geben und sie unterstützen, denn es sei heute äußerst wichtig, dass man Russisch könne und die russische Mentalität verstehe.

Drei Monate später bat Alder Meyer um möglichst kalorienreiche Care-Pakete und informierte ihn über die Aufenthaltsorte ihm bekannter Bauhäusler, war aber, was Meyers künftiges Wirken in der Sowjetischen Besatzungszone betraf, schon weniger zuversichtlich. Die derzeitige Situation mache es schwer, etwas für Meyer zu unternehmen, ihm selbst fehle dazu auch das Format. Er sei wie früher nur ein kleiner treuer Parteiarbeiter in niederen Funktionen.

Neben Stark und Alder kontaktierte Meyer etwa vierzig über die ganze Welt verstreute ehemalige Bauhäusler. Er wolle, so schrieb er ihnen, unterstützt von mexikanischen und italienischen Freunden eine zweisprachige Publikation über »sein Bauhaus« herausgeben und suche nach Unterlagen, die sein eigenes Archiv, das 160 Illustrationen enthalte, ergänzen könnten. Die Publikation sei wichtig, da sich nach dem Krieg in einer Reihe von Ländern das Interesse an pädagogischen Tendenzen, wie sie im Bauhaus praktiziert worden seien, erhöht habe. Er arbeite an einer Veröffentlichung, die als rein pädagogisches Werk geplant sei, ohne Politik und Polemik, im Übrigen honorarlos.

Viele der angeschriebenen Bauhäusler, darunter die überlebenden Brigadisten, meldeten sich bei Meyer zurück. Nur Philipp Tolziner ließ nichts von sich hören, was Meyer erstaunte, da er gehört zu haben glaubte, dass dieser im Ural sitze, tüchtig arbeite und zufrieden sei. Konrad Püschel schrieb aus der Sowjetischen Besatzungszone und René Mensch aus Basel, wo er noch immer lebte, obwohl er mit seiner russischen Frau und seiner Vergangenheit als Moskauer Stoßarbeiter in seiner Heimat nie wieder richtig Fuß fassen konnte. Mensch ging denn auch Mitte der 1950er Jahre erneut nach Teheran und kehrte erst als Pensionär in die Schweiz zurück.

Tibor Weiner meldete sich bei Meyer im Februar 1948 aus Santiago de Chile: Auch wenn er nicht mehr so genau wisse, in welcher Sprache er schreiben solle, da er alle vergessen habe, sei die Geschichte der letzten neun Jahre schnell erzählt: Zunächst habe er drei Jahre lang wie ein Sklave für Ricardo Muller gearbeitet, um schließlich eine geschäftliche Beteiligung von 60 Prozent zu erreichen. Insgesamt hätten sie drei Wettbewerbe gewonnen und 32 Projekte bearbeitet. Muller habe sehr gut und geruhsam gelebt, er selbst sei beinahe aufgrund der Arbeitsbelastung an Delirium tremens gestorben. Danach habe er sich ohne Kapital selbständig gemacht und fünf Jahre lang mit Gläubigern, Investoren und ähnlich sympathischen Leuten gekämpft. Die Jahre seien unter infernalischem Stress und andauernden Geldschwierigkeiten vergangen. Vor zwei Jahren habe ihn die Universitätsreform gerettet. Die Regierung, die überall nach geeigneten Professoren gesucht, aber keine gefunden habe, sei schließlich auf ihn verfallen.

Er glaube, seine Sache gut gemacht zu haben, und wolle sich nicht nur beklagen. Wenn nicht die viele Arbeit gewesen wäre, hätten sie in Chile ein schönes Leben haben können mit vielen guten Freunden, einem angenehmen Klima und einer schönen Landschaft. Inzwischen habe sich Chile aber sehr verändert, das Leben sei nicht mehr sicher. Auch mit seiner Arbeit werde es nicht mehr lange gut gehen, seine Frau habe die ihre schon verloren, deshalb würden sie nach zwanzigjähriger Abwesenheit so bald wie möglich nach Ungarn zurückkehren. Zwar sei von den Seinen keiner mehr am Leben und von den früheren Freunden nur wenige, doch die Nachrichten, die seine Frau aus Budapest erhalte, klängen ermutigend und ließen hoffen, dass es ihnen – Tibor und Judit Weiner hatten inzwischen zwei sieben und vier Jahre alte Kinder – in der Heimat besser als in Chile ergehen werde.

Chile hatte während des Zweiten Weltkriegs aufgrund des Exports von Kupfer und Salpeter, der für die Herstellung von Dünger und Sprengstoff gefragt war, einen Aufschwung erlebt, der nach dem Krieg abrupt endete. Das Land versank in eine wirtschaftliche Depression, Unruhen und Straßenkämpfe verschlimmerten die Lage. Politisch wandte sich das Land nach rechts, die Kommunistische Partei wurde verboten.

Ungarn war unterdessen dabei, eine Volksrepublik unter sowjetischem Einfluss zu werden. Nichtkommunisten wurden nach und nach aus wichtigen öffentlichen Ämtern verdrängt, Kommunisten, die in den Westen emigriert und zurückgekommen waren, zu Abweichlern von der Parteilinie erklärt, verhaftet und gefoltert, in Schauprozessen angeklagt und verurteilt, getötet oder für viele Jahre ins Zuchthaus gesteckt.

1950 saß die moskautreue Fraktion der Kommunistischen Partei Ungarns fest im Sattel. Das Neue Bauen, Leitbild vieler ungarischer Architekten seit den 1920er Jahren, wurde nun als formalistische und kosmopolitische Dekadenzerscheinung verurteilt und seine Vertreter als Feinde des Volkes diffamiert. Die große Architekturdebatte vom April 1951 geriet zu einer Abrechnung mit dem Neuen Bauen und machte auch für Ungarn die Rückkehr zum Sozialistischen Realismus sowjetischer Prägung – national die Form, sozialistisch der Inhalt – verbindlich. Der 1951 gegründete ungarische Architektenverband setzte die neuen Vorgaben rigoros durch. Einzelbüros wurden aufgelöst, die Zeit der großen staatlichen Planungswerkstätten begann.

Weiner, 1949 zurückgekehrt und zunächst als Angestellter im Ministerium für Bauwesen beschäftigt, blieb von den Säuberungen verschont, obwohl auch er in den Westen emigriert war. Besaß er einflussreiche

Freunde in der moskautreuen Parteifraktion? Wusste er aufgrund seiner Erfahrungen in der Sowjetunion, wie man sich den Forderungen der Partei rückhaltlos und überzeugend unterwarf? Jedenfalls blieb Weiner nicht nur verschont, sondern wurde sogar mit einer der größten Bauaufgaben jener Jahre betraut: Er wurde Hauptarchitekt der ersten neuen sozialistischen Stadt Ungarns.

Ende 1949 hatte das Zentralkomitee der Partei beschlossen, bei Dunapentele, 70 Kilometer südlich von Budapest, ein großes Eisenhüttenkombinat mit dazugehöriger neuer Stadt zu errichten. Der Bau des Eisenhüttenwerkes schritt zügig voran. Pläne und Ausrüstung kamen aus der Sowjetunion, russische Ingenieure und Techniker standen den Ungarn beratend zur Seite. 1954 konnte der erste Hochofen in Betrieb genommen werden. Der Bau der neuen Stadt für 25 000 Einwohner, die neben dem Werk auf einem hohen Lössplateau am Donauufer entstehen sollte, gestaltete sich etwas schwieriger.

Im Januar 1950 fuhr Weiner nach Dunapentele, um das Baugelände zu besichtigen, und legte bald danach einen ersten Entwurf vor, bestehend aus typisierten freistehenden Zeilenbauten im Grünen. Als er von der zuständigen Kommission abgelehnt wurde, gab Weiner, aus Sowjetzeiten geübt in Selbstkritik, zu, dass sein Entwurf im Stil des Neuen Bauens für eine sozialistische Stadt möglicherweise ungeeignet sei, da er die zum Ruhm der Werktätigen notwendige Monumentalität vermissen ließe. Sein zweiter Entwurf sah eine großzügig zugeschnittene Haupt- und Nebenachse vor, die auf beiden Seiten von sechsgeschossigen Wohnbauten flankiert wurden. Im Kreuzungspunkt der Achsen lag, akzentuiert von einem Turmbau, ein großer Aufmarschplatz, den ein Kulturhaus und symmetrisch angeordnete Arkadenbauten mit den wichtigsten öffentlichen Einrichtungen umgaben. Hinter den straßenbegleitenden Bauten fanden sich allerdings noch immer zweigeschossige Punkt- und Zeilenhäuser, so dass der Plan bis auf das monumentalisierte Zentrum weiterhin eine aufgelockerte und mit großzügigen Grünflächen versehene Bauweise vorsah.

In den folgenden Jahren kam es zu weiteren Planänderungen. Ein Jahr nach Baubeginn, als bereits mehr als 40 000 Menschen zugezogen waren, musste die Stadt, nach Stalin Sztálinváros genannt, erweitert werden. Nach Stalins Tod 1953 wurde nicht nur die Stalinallee in Stahlwerkstraße umbenannt und das große Stalindenkmal durch eine Leninstatue ersetzt, sondern auch die Planung, die nun als viel zu aufwendig galt, stark vereinfacht. Einige der Infrastruktureinrichtungen wurden gestrichen, die Bebauungsdichte erhöht. Der Bau des geplanten Stadtzentrums unterblieb. Die traditionalistisch angehauchten Baublöcke wichen den Plattenbauten. Statt des Sozialistischen Realismus hielt der von Moskau neu verordnete »Rentabilismus« Einzug.

Sztálinváros, 1961 in Dunaújváros umbenannt, galt den Zeitgenossen als eine Stadt mit hoher urbaner Qualität. Sie nannten sie anerkennend »Weiner Neustadt« und ehrten damit das Verdienst Weiners, der einerseits den Prinzipien des Neuen Bauens verpflichtet blieb, andererseits sich in Stil- und Gestaltungsfragen flexibel zeigte. Weder ein sturer Funktionalist noch ein geschichtsverliebter Formalist, interessierte ihn einzig die Frage, wie die Leute lebten. »Während die Zweifler über die Proportionen der Fensterrahmen debattierten, sah er die Bevölkerung bei ihrem abendlichen Spaziergang in der mit Neonlichtern beleuchteten Geschäftsstraße ›Eisenwerk‹, sah er eine gesunde Jugend, wohlgepflegte Kinder in bunten Kleidern, Bäume und Blumen, gute Luft und in ferngeheizten zivilisierten Wohnungen lebende, glückliche Menschen.«[110]

Wie schon in Chile fand Weiner auch in Ungarn Anerkennung. 1953 wurde er mit dem Verdienstorden der Volksrepublik geehrt, 1958 als Vertreter des Landes zum Kongress des Internationalen Architektenverbandes delegiert und 1961 Dekan der Architekturfakultät der Universität Budapest. Die sozialistischen Medien entdeckten ihn. Ein ostdeutscher Journalist schilderte Weiner als einen leicht ergrauten Mann mit markanten Zügen, dessen Leben einem Roman gleiche. Er lebe in der von ihm selbst geschaffenen Stadt und kümmere sich nach wie vor, nun als stellvertretender Vorsitzender des Stadtrates, rastlos um sie. »Zunächst versuchte er, mich zu überzeugen, wie uninteressant sein Leben ist im Vergleich mit jenem Wunder, dass hier in kurzer Zeit eine Stadt entstand. Währenddessen wickelte er vier Telefongespräche ab, diskutierte heftig mit irgend jemandem über irgendwelche Baupläne, unterzeichnete Urkunden.«[111]

Tibor Weiner blieb in Ungarn, was er seit Moskauer Zeiten war: ein sozialistischer Held und unermüdlicher Stoßbrigadist, was seinen Preis hatte. Er starb 1965 mit nur 59 Jahren. Die Jahre angestrengter Arbeit in Moskau, die Zeiten des Exils und der Kampf um seine neue Stadt hatten von dem roten Bauhäusler ihren Tribut gefordert.

Hannes Meyer schaffte wie Weiner den Sprung zurück nach Europa erst relativ spät und saß 1947 immer noch in Mexiko. Um über die Runden zu kommen, musste er mangels einer Stelle im öffentlichen Dienst nun doch noch ein privates Architekturbüro eröffnen. Er erstellte Entwicklungspläne für Badeorte, plante eine große Kurklinik, entwickelte Bebauungsvorschläge für die Manzana de Corpus Cristi mit Geschäftsbauten, gestaltete die Geschäftsräume der Schweizer Botschaft, fertigte ein Gutachten für das Verwaltungsgebäude einer mexikanischen Versicherungsgesellschaft. Es lief allerdings mehr schlecht als recht, da Meyer über wenig »vulgären Geschäftssinn«, wie er es nannte, verfügte und sein Ruf als ehemaliger Direktor des Bauhauses in Mexiko, wo man sich immer stärker an den Vereinigten Staaten orientierte, inzwischen so gut wie vergessen war.

Immerhin war er inzwischen sechzig Jahre alt und verfolgte mit leiser Resignation das europäische Baugeschehen aus der Ferne. Er sah, dass die Prinzipien des Neuen Bauens, für die er in seiner Jugend gekämpft hatte, Allgemeingut geworden waren und sich niemand mehr um die einstigen Vorkämpfer scherte. Überall im Westen herrschte nun eine ausgewogene neue Sachlichkeit, die in ihrer Durchschnittlichkeit von der Baupolizei längst nichts mehr zu fürchten hatte.

Endlich sah es im Sommer 1949 so aus, als ob Hannes Meyer mit Lena und den beiden Kindern Lieselotte und Mario Mexiko endlich verlassen könnte. Doch die galoppierende Inflation und der eingebrochene Wechselkurs des Pesos zum Dollar fraß die für die Rückreise angesparten Mittel auf. Ein Unfall Meyers in den Bergen mit leichter Gehirnerschütterung kostete weiteres Geld. Gleichwohl gelang im September 1949 die Rückreise auf einem italienischen Dampfer Richtung Genua.

Meyer hoffte, sich in Europa besser über seine weitere Zukunft klar werden zu können. Er wollte zunächst eine Orientierungsreise machen, um sich in Italien, Frankreich, England, Holland und Deutschland über den Wiederaufbau und die neuen Architekturtendenzen zu informieren. Aber es fehlte das Geld. So ließ er sich in einem kleinen gemieteten Einfamilienhaus in Crocifisso di Savosa bei Lugano nieder und fuhr einmal im Monat nach Basel, um sich mit Hans Schmidt zu treffen, der seit 1944 die Partei der Arbeit, Nachfolgerin der KPS, die 1939 verboten worden war, im Großen Rat des Kantons Basel-Stadt vertrat. Sie diskutierten über die neuesten Architekturentwicklungen und fragten sich, welche Haltung sie als Architekten und Kommunisten einnehmen sollten. Setzten sie sich für ein Bauen gemäß nationaler Traditionen ein, würden sie von den Schweizern als Reaktionäre gebrandmarkt, setzten sie dagegen auf die Prinzipien des Neuen Bauens, würden sie von der DDR als Formalisten abgestempelt, wie sie durch die Lektüre des *Neuen Deutschlands* wussten, mit das Schlimmste, was einem kommunistischen Architekten passieren konnte. Da sowohl Meyer als auch Schmidt wussten, dass sie als Kommunisten in der Schweiz keine berufliche Zukunft hatten, egal in welchem Stil sie bauten, positionierten sie sich schließlich auf Seiten des Sozialistischen Realismus, da sie hofften, vielleicht doch noch in die DDR als ihre eigentliche politische Heimat geholt zu werden. Schmidt etwa entwarf 1948 ein Verwaltungsgebäude in Liestal im neoklassizistischen Stil.

Doch Meyer hoffte vergebens. Hatte man in der DDR anfangs noch in Erwägung gezogen, ihn an eine Hochschule für angewandte Kunst zu berufen, zeigte man sich nun völlig abgeneigt und wies selbst seinen Wunsch zurück, besuchsweise ins Land zu kommen. Warum? Lag es an der schwierigen Persönlichkeit Meyers oder an seiner scharfen Kritik an der mexikanischen Zelle der KPD? Lag es an Arkadi Grigorjewitsch Mordwinow, einst Meyers Assistent an der Moskauer Hochschule für Architektur und Bauwesen und nun Präsident der sowjetischen Architekturakademie? Immerhin hatte Mordwinow der ostdeutschen Delegation, die gekommen war, um von der Sowjetunion zu lernen, unumwunden erklärt: »Johannes Meyer als Vertreter des Konstruktivismus leugnet die Architektur als Kunst. Er sagt: Die Aufgabe des Architekten ist, den Grundriss zu schaffen, die Wände macht dann der Maurermeister. Künstlerische Aufgaben stellen sich solche Architekten nicht. Ihre Auffassung beruht auf einer pessimistischen Philosophie vom Untergang der Kunst. Technik und Vernunft seien das einzige, was übrig bliebe. Diese Auffassung hat nichts mit unserer marxistischen Auffassung gemein.«[112]

Bald war allen außer Meyer selbst klar, dass seine Beteiligung am sozialistischen Aufbauwerk definitiv nicht erwünscht war. Freunde wie Karola Bloch versuchten, ihn von seinen Hoffnungen zu kurieren. Karola war 1949 mit ihrem Mann Ernst Bloch, der einen Ruf an die Universität Leipzig erhalten hatte, aus den Vereinigten Staaten in die DDR gekommen und lebte komfortabel mit Villa, Hausangestellter und Auto, entwarf für die Deutsche Bauakademie Kindertagesstätten und Krippen und schrieb Artikel über Einrichtungsfragen. Sie versicherte Meyer, dass er selbstverständlich nach wie vor zur Familie gehöre und dass sie ihn all die Jahre stolz einen Freund genannt habe. Doch sie könne ihm nicht helfen. Das Bauwesen der DDR werde derzeit, wie er ja wisse, von der Formalismusdebatte beherrscht. Man bemühe sich zwar um eine neue Architektur für eine neue Gesellschaft, mache dabei aber den Fehler, sich wie der Große Bruder Sowjetunion auf das traurigste Kapitel der Architekturgeschichte, das 19. Jahrhundert, zu beziehen. Man könne offenbar, auch wenn man noch so viel von Schinkel spreche, das architektonische Erbe nur in seiner epigonalsten Form aufnehmen. »Die Architektur des Kurfürstendamms ist Trumpf geworden.«[113] Angesichts dieser Verirrung bleibe nur die Hoffnung, dass aus der Nachahmung eines Tages doch noch eine echte sozialistische Architektur sich entwickeln werde.

Er wundere sich, entgegnete Meyer, unbeeindruckt von Karola Blochs Wink mit dem Zaunpfahl, warum sich denn niemand bei ihm melde. Man müsse doch einsehen, dass die jetzige Generation der vierzigjährigen ohne jede Kenntnis einer für den Sozialismus geeigneten architektonischen Tradition sei. Woher sollten sie auch Bescheid wissen, da sie ja von Funktionalisten wie ihm oder von nationalsozialistischen Heimattümlern ausgebildet worden seien? Er dagegen würde sich zutrauen, den sozialistischen Aufbau sowohl im Sinne Schinkels als auch im Geiste heutiger Zeit durchzuführen. Die deutsche Architekturtradition sei ihm durchaus vertraut. Immerhin habe er die wichtigsten Bauten Schinkels als junger Architekt in Norddeutschland studiert und befasse sich gerade mit dem Werk seines eigenen Urgroßonkels Amadeus Merian, der mit Weinbrenner und Klenze befreundet und selbst ein bekannter klassizistischer Architekt gewesen sei. Jedenfalls sei er unzufrieden mit seiner Lage in beruflicher Hinsicht und würde gerne, so rasch wie möglich wieder in ein Lehramt eintreten, am liebsten als Städteplaner. Er sei jetzt in einem Alter, wo er seine Erfahrungen gerne weitergeben möchte, und autorisiert, mit den Seinen »auf die Walz« zu gehen, wenn sich eine Gelegenheit ergebe. Auch seine Freunde meinten, dass die Schweiz, das »Land der toten Seelen«, höchst unzuträglich für ihn sei.[114]

Doch über Meyer war längst der Stab gebrochen. Hermann Henselmann – selbst in früheren Jahren ein Vertreter des Neuen Bauens – rechnete 1951 im *Neuen Deutschland* unter der Überschrift *Der reaktionäre Charakter des Konstruktivismus* mit allen Strömungen der Moderne, insbesondere mit dem Bauhaus und Hannes Meyer ab. Walter Ulbricht erklärte Meyer in seiner Rede zur Eröffnung der Deutschen Bauakademie höchstpersönlich und endgültig zu einem kunst- und geschichtsverachtenden Vertreter des Formalismus.

Der aber fühlte sich zu Unrecht an den Pranger gestellt. All diese Vorwürfe träfen nicht, klagte er Karola, denn sie beruhten auf Äußerungen, die er in den 1920er Jahren getan habe. Inzwischen sei er, was die sozialistische Architektur betreffe, so gut wie andere auf der Linie der Partei. Man wisse gar nicht, »wie man es den Herren bei Ihnen recht machen soll. Oder können Sie es mir sagen, was ein armer Schweizer tun soll, der nach hiesigen Begriffen eine eindeutig-klare Linie in seinen Fachpublikationen innehält und dafür hierzulande geächtet wird und der dafür dortseits höchsten Tadel einstecken darf.«[115]

Karola wurde in ihrer Antwort nun deutlicher. Sie habe auf der Tagung der sächsischen Architekten in Leipzig das Gespräch auf Meyer gebracht und gefragt, welche Möglichkeiten der Mitarbeit in der DDR für ihn bestünden. Er müsse, so die allgemeine Ansicht, seine Stellungnahme zu den heutigen Architekturfragen direkt an die Partei oder an wichtige Genossen herantragen. Auch sie könne ihm keinen anderen Rat geben. Sie glaube zwar, dass Meyer mit seinen Erfahrungen aus der Sowjetunion und seinem analytischen Verstand der geeignete Mann sei, eine kritische Analyse der DDR-Aufbaupläne durchzuführen, und teile seine Skepsis, in 20 Tagen einen neuen Baustil schaffen zu können, sehe aber, bevor Meyer nicht von der Partei rehabilitiert würde, keine Möglichkeiten für ihn.

Meyer befand sich in einer misslichen Lage. Er saß in der Schweiz fest, wo er mit seiner Familie nahezu arbeits- und auftragslos unter schwierigsten wirtschaftlichen Bedingungen lebte, von der KP Italiens und der Schweizer Partei der Arbeit notdürftig finanziell unterstützt. Er brauchte dringend eine Stelle, und so schrieb er im Juni 1951 noch einmal an Tibor Weiner: Er habe von der großen Arbeit gehört, die Tibor als Architekt zum Besten seiner Heimat vollbringe, und von der herrlichen organisatorischen Tätigkeit, welche seine Frau leiste. Er bitte um die Zusendung einiger Zeitschriften, in denen diese Projekte abgedruckt seien. Sie läsen viele ausländische Publikationen, denn trotz ihrer Isolierung in der Schweiz fühlten sie sich doch mit der Welt verbunden, zumindest soweit sie fortschrittlich genannt zu werden verdiene. Er und Lena seien in großer Sorge, da sie keine Arbeit fänden und sich vermutlich in der Schweiz nicht mehr eingliedern könnten. Sie seien auf der Suche nach einem Arbeitsfeld irgendwo im fortschrittlichen Wiederaufbau, wo man die Erfahrungen zu schätzen wisse, die sie besäßen. Wohl hätten sie recht gute Beziehungen zu den Freunden in Italien, doch solange dort der große Umschwung nicht verwirklicht werde, sei kaum mit einer angemessenen Tätigkeit für ihn zu rechnen. Am liebsten würde er, seiner Erfahrung und Neigung folgend, wieder pädagogisch tätig sein, um die neue Generation zu bilden, die jetzt die Riesenaufgabe des Wiederaufbaus zu bewältigen habe, und zwar ohne »bauhäuslerische Voreingenommenheit«, also auch mit baugeschichtlichen Studien. Er treffe sich übrigens häufig mit Hans Schmidt, derzeit Präsident der Schweizer Partei der Arbeit, um sich über die neuesten Entwicklungen auszutauschen, und habe auch ein gutes Verhältnis zum Zentralsekretariat der Partei. Sicherheitshalber zähle er noch einmal seine vielseitigen Tätigkeiten in Mexiko auf, falls Weiner sie vergessen haben sollte.

War der Brief eine Bitte um Empfehlung? Wollte sich Meyer um eine Stelle in der Volksrepublik Ungarn bewerben, nachdem ihm die DDR verschlossen blieb und die Revolution in Italien auf sich warten ließ? In der Schweiz jedenfalls, in der er sich politisch und kulturell isoliert fühlte, konnte Meyer keinen Anschluss finden, wozu beigetragen haben mag, dass die Familie selbst sich von der als provinziell und eng empfundenen Umgebung distanzierte und zu Hause nach wie vor spanisch sprach. Doch wie sehr Meyer sich auch wegwünschte, nirgends ergab sich eine Berufung oder eine fest dotierte Stelle. So lebte er recht dürftig in seinem Tessiner Bergdorf und versuchte brieflich Kontakt mit der großen Welt zu halten. Hin und wieder gelang es ihm, mit Vorträgen über Mexiko wenigstens etwas zu verdienen. Doch bald schränkten gesundheitliche Probleme seine Arbeitsfähigkeit ein. Am 19. Juli 1954 starb Hannes Meyer, weitgehend vergessen, mit nur 65 Jahren in Crocifisso di Savosa.

Was Meyer nicht gelang, glückte Hans Schmidt. Er wurde Anfang 1956 als Hauptarchitekt des Instituts für Typenprojektierung in die DDR berufen und leitete ab 1958 als Direktor das Institut für Theorie und Geschichte der Baukunst an der Deutschen Bauakademie. Ein ehrenvoller Posten, aber auch ein Abstellgleis, denn Schmidt blieb trotz zahlreicher Artikel und Vorträge ohne Einfluss auf das konkrete Baugeschehen. Sein Nimbus, immerhin zählte er in den 1920er Jahre zu den wichtigsten Architekten des Neuen Bauens, war verblasst.

Nicht nach Deutschland, weder nach Osten noch nach Westen, kehrte Philipp Tolziner zurück, der sich bei Kriegsende noch immer im USOLLag befand. Er war nun auch Leiter der Lagerwerkstätten geworden und bemühte sich, den vielen neuen Gefangenen aus den von der sowjetischen Armee besetzten Gebieten, vor allem Frauen und Kindern, das Häftlingsleben zu erleichtern. Er entwarf Möbel und Gebrauchsgegenstände für den Verkauf und den persönlichen Gebrauch durch die Wachmannschaften, um die Lagerleitung zu bewegen, neue Werkstätten für deren Produktion einzurichten, in denen Frauen und Kinder arbeiten konnten, statt in die Holzfällerlager geschickt zu werden. Er setzte sich, wo er konnte, für die Häftlinge ein und wurde von ihnen bald »gütiger Beschützer« genannt.

Tolziner konnte viel für seine Mithäftlinge tun, da er das Vertrauen der Lagerleitung besaß, die seinen hohen Arbeitseinsatz, seine Zuverlässigkeit und seinen Erfindungsreichtum schätzte. Er durfte die letzten zwei Jahre das Lager jederzeit allein verlassen und wohnte in den steinernen Werkstätten, wo das Leben um einiges besser war als in den hölzernen Baracken. Er konnte sich sein Essen selbst zubereiten und die Rationen durch kleine Tauschgeschäfte aufbessern.

Als Tolziner im Sommer 1947 wegen guter Führung vorzeitig aus dem Lager entlassen werden sollte, blieb er freiwillig noch bis Ende des Jahres, um die begonnenen Projekte korrekt abzuschließen und eine notwendige Augenoperation durch die Lagerärzte durchführen zu lassen. Auch nach seiner Freilassung am 2. Dezember 1947 besuchte Tolziner, doch sehr an das Leben hinter Holzzaun und Stacheldraht gewöhnt, hin und wieder das Lager, um nach dem Rechten zu sehen und sich mit befreundeten Häftlingen zu treffen.

Tolziner blieb, da er nach seiner Freilassung nicht nach Moskau zurückkehren durfte, in Solikamsk, wo er Arbeit als erster Projektant im Büro des Hauptarchitekten der Stadt fand. Er erhielt den Auftrag, in Borowsk für die Arbeiter des Papierkombinats einen Siedlungsplan für hundert Typenhäuser zu entwerfen, die dem Werk von Moskau zugeteilt worden waren. Tolziner weigerte sich und forderte die Ausbildung unterschiedlicher Typen, denn Wohnungen, die für Menschen angenehm sein sollten, dürften nicht alle gleich sein. Er setzte sich durch und arbeitete wieder 15 bis 17 Stunden am Tag, obwohl er infolge der Haft an Tuberkulose und einer Augenkrankheit litt. Die Häuser waren so beliebt, dass Angestellte des Papierkombinats, die schon Wohnungen hatten, in die neue Siedlung umzogen. Nach Beendigung des Bauvorhabens schlug der Parteisekretär des Kombinats Tolziner in Moskau für eine Auszeichnung vor. Sie wurde gewährt, aber wieder zurückgezogen, als Tolziners Häftlingsbiografie bekannt wurde.

Als 1949 das Büro des Hauptarchitekten aufgelöst wurde, erhielt Tolziner von der Permer Gebietsverwaltung das Angebot, verantwortlicher Leiter der neu eingerichteten Restaurierungswerkstatt für Baudenkmäler zu werden. Obwohl er die neue Aufgabe als große Herausforderung empfand, da ja am Bauhaus keine Architekturgeschichte gelehrt worden war, nahm er sie an. Er glaubte fest daran, auch auf diesem Gebiet mit den von Hannes Meyer am Bauhaus gelehrten Prinzipien wissenschaftlicher Analyse erfolgreich wirken zu können. Tolziner erforschte nun systematisch die traditionelle Architektur vor Ort, sammelte alte Fotografien, dokumentierte frühere Konstruktionsweisen und versuchte mittels Vorträgen und Ausstellungen bei der Bevölkerung Verständnis für die Bedeutung des baulichen Erbes zu wecken. Zeitlebens war er stolz darauf, in Solikamsk die ersten Denkmalschutzprojekte der Sowjetunion realisiert zu haben. »Ich glaube, dass die von mir und unter meiner Leitung durchgeführten Arbeiten in der Permer Restaurierungswerkstatt die wichtigsten in meinem schöpferischen Leben sind.«[116]

Seine Arbeit wurde von der Abteilung Kultur und Architektur der Permer Gebietsverwaltung unterstützt, von der Solikamsker Stadtverwaltung aber, mit zunehmendem Erfolg seiner denkmalschützerischen Bemühungen, immer häufiger torpediert. Man wollte Tolziner loswerden und forderte ihn auf, einen ausführlichen Bericht über seine Tätigkeit abzuliefern, in der Hoffnung, einen Fehler zu finden, um ihn bei der Gebietsverwaltung anschwärzen zu können. Statt einen Bericht zu verfassen, fuhr Tolziner nach Perm und ließ sich die Qualität seiner Projekte schriftlich bestätigen. Er konnte nun zwar seine Arbeit fortsetzen, musste aber die Rache der Stadtverwaltung fürchten. »Es ist anzunehmen, dass sie daraufhin beschloss, sich meiner auf andere Weise zu entledigen, denn auf mich wurden in der Folge zwei Anschläge durchgeführt. Im ersten Falle rettete mich das resolute Vorgehen meiner Frau, im zweiten Fall die schlechte ›Arbeit‹ des Ausführenden.«[117]

Als weitere Beschuldigungen folgten und die Angriffe immer bedrohlichere Formen annahmen, reichte Tolziner sein Entlassungsgesuch ein und kehrte 1961 – er hatte inzwischen eine Familie gegründet, und war rehabilitiert worden – mit Frau und zwei Söhnen nach Moskau zurück. Er arbeitete wieder bei *Gorstroiprojekt* und entwarf fünf Jahre lang Typenprojekte für Großwohnblöcke und städtebauliche Pläne für Wladiwostok. Mit 60 Jahren ging er, trotz aller Bitten, doch noch zu bleiben, in Pension. »Ich habe mein ganzes Leben lang das gemacht, was man von mir verlangte, jetzt werde ich das machen, was ich will.«[118]

Nach seiner Pensionierung beriet Tolziner weiterhin die Permer Gebietsverwaltung in Restaurierungsfragen und erarbeitete eifrig und auf eigene Faust Vorschläge zur Lösung der Moskauer Parkplatznot, die er bei den zuständigen Ämtern einreichte, die sie guthieß und in der Schublade verschwinden ließ. Tolziner reiste ins Ausland, zunächst in die kommunistischen Bruderstaaten, später auch in die alte Heimat nach München. Er besuchte Tibor Weiner in Ungarn, dessen neue sozialistische Stadt er bewunderte. Er kontaktierte Konrad Püschel und die Weimarer Hochschule für Architektur und Bauwesen und schrieb als Chronist der Bauhausbrigade Rot Front alles auf, was ihm selbst zugestoßen war und was er vom Lebensweg der Mitbrigadisten wusste. Tolziner starb, trotz Herzerkrankung und fast völliger Erblindung geistig ungebrochen, trotz aller Misshandlungen, die er in seiner selbst gewählten neuen Heimat erdulden musste, am 1. Mai 1996 mit neunzig Jahren in Moskau.

Philipp Tolziner, um 1930

Epilog

Philipp Tolziner überlebte nicht nur die sowjetische Höllenmaschinerie, sondern auch die Sowjetunion selbst. Er wurde Zeuge der Perestroika, der Mitte der 1980er Jahre von Michail Gorbatschow eingeleiteten Reformen, die der Sowjetunion erste Elemente der Marktwirtschaft und der Demokratie implantieren sollten. Gorbatschow blieb der Erfolg bekanntlich versagt. 1991 brach die Planwirtschaft in sich zusammen, die politische Union löste sich auf. Das System, in dem Tolziner sechzig Jahre lang gelebt und an das er allen schlimmen Erfahrungen zum Trotz geglaubt hatte, kollabierte.

Ein Jahr vor seinem Tod gab Tolziner ein letztes Interview und stellte zweierlei klar: Auch wenn er heute wisse, dass der Sozialismus, wie er in der Sowjetunion aufgebaut worden sei, auf ungenügenden Konzepten und brutaler Gewalt beruht habe, halte er die Idee des Sozialismus nach wie vor für richtig. Auch wenn sich die Weltgeschichte mit auf seinem Rücken abgespielt habe, wolle er nicht als Opfer gesehen werden. Er wolle nicht, dass etwas von dem, was in seinem Leben vor sich gegangen sei, nicht geschehen wäre.[119]

Müssen wir uns also Philipp Tolziner als einen glücklichen Menschen vorstellen? War er – ein moderner Sisyphos – nicht in erster Linie Opfer eines verhängnisvollen Schicksals, sondern Held einer grausamen Prüfung, die er glänzend bestand, indem er die ihm gestellten Aufgaben immer wieder erfüllte, obwohl er sich über die Nutzlosigkeit seiner Anstrengungen im Klaren sein musste? Erkannte er am Ende seines langen Lebens, dass der Glaube an eine Idee mehr noch als ihre Verwirklichung das Glück eines Lebens ausmachen kann und, wie Camus von Sisyphos behauptet, auch die Erledigung einer sinnlos erscheinenden Aufgabe ein Menschenherz auszufüllen vermag?

Ob Opfer oder absurde Helden – Tolziner und seine Mitbrigadisten haben für die Idee des Sozialismus alles gegeben, was sie besaßen: Glaube, Liebe, Hoffnung, jugendlichen Enthusiasmus und lebenslangen Arbeitseifer. Sie waren Romantiker der Revolution, die den roten Feuerschein selbst an den Horizont malten und ihn noch zu sehen glaubten, als die Sonne längst blutrot unterging und viele von ihnen grausam bestraft wurden. Sie wirken auf uns heute zugleich anziehend wie abstoßend – anziehend durch ihren Glauben an eine große Idee, abstoßend durch ihre Unerbittlichkeit und selbstverordnete Blindheit.

Die Namen der Bauhausbrigadisten sind nicht sehr bekannt und verbinden sich nur mit wenigen Werken. Zwar ging ihre Lebensspur nicht verloren, durch die große Bauhauserzählung aber zieht sie sich lediglich als dünner Faden. Eine erste Erwähnung fanden sie in der 1965 von Claude Schnaidt veröffentlichten Biografie über Hannes Meyer. Es folgten Mitte der 1970er Jahre, als die DDR begann, das Bauhauserbe für die eigenen politischen Zwecke zu reklamieren, Berichte der überlebenden Protagonisten Püschel und Tolziner im Auftrag der Weimarer Hochschule für Architektur und Bauwesen. 1976 wurde Püschel mit einigen anderen in der DDR tätigen Bauhäuslern die ehrenvolle Aufgabe übertragen, zum fünfzigsten Jahrestag seiner Einweihung das Dessauer Bauhaus-Gebäude originalgetreu wiederaufzubauen. 1981 wurde Püschel mit einer Ausstellung im restaurierten Bau gewürdigt; gezeigt wurden Studienarbeiten, die zwischen 1926 und 1930 entstanden waren. 1989 wurde Hannes Meyer zu seinem hundertsten Geburtstag im Museum für Gestaltung in Zürich ebenfalls mit einer Ausstellung geehrt, in deren Rahmen Tolziner einen Vortrag über die gemeinsame Moskauer Zeit hielt. 1998 erinnerte Perm mit einer Ausstellung an seinen Bauhaus-Architekten Philipp Tolziner. 2006 widmete ihm das Landeskundliche Museum zum hundertsten Geburtstag eine weitere Ausstellung unter dem Titel *Bauhaus-Moskau-USOLLag*.

2009 zeigte eine große Ausstellung in Berlin zum neunzigsten Geburtstag der Institution Bauhaus das ganze Spektrum der künstlerischen und gestalterischen Innovationen – die rote Bauhausbrigade blieb leider weitgehend unerwähnt. 2019 jährt sich die Gründung des Bauhauses zum hundertsten Mal. Jubiläumsfeiern sind geplant und stehen unter dem Motto »Die Welt neu denken«. Sie böten eine gute Gelegenheit, auch einmal, neben Stahlrohrsesseln und weißen Kuben, das »rote Bauhaus« vorzustellen, denn wer hätte die Welt über das Ästhetische hinaus neuer gedacht als die Rot-Front-Brigadisten, wer unter Einsatz des eigenen Lebens radikaler an ihrer gesellschaftlichen Umgestaltung mitgewirkt.

Anmerkungen

1 / Irina Grigorieva, Erich Mendelsohns Wirken als Architekt in der Sowjetunion, LMU-Publikation 5/2000, München 2003; unter: http://epub.ub.uni-muenchen.de, S. 76 und 83.

2 / Le Corbusier, *Correspondance. Lettres à la famille 1926–1946*, Paris 2013, S. 179, 10. Oktober 1928.

3 / Le Corbusier, *Correspondance*, S. 181, 13. Oktober 1928.(»Madame, die Moskauer Architekten senden der Mutter des größten Architekten der Welt ihre respektvollen und herzlichen Grüße.«)

4 / Le Corbusier, *Feststellungen zu Architektur und Städtebau*, Berlin/Frankfurt/Wien 1964, S. 241.

5 / Renate Scheper, *Hinnerk Scheper: Farbgestalter, Fotograf, Denkmalpfleger*, Katalog Bauhaus Dessau, Bramsche 2007, S. 56.

6 / Ernst Derendinger, *Erzählungen aus dem Leben. Als Graphiker in Moskau von 1910 bis 1938*, Zürich 2006, S. 366.

7 / *Städtebau im Schatten Stalins. Die internationale Suche nach der sozialistischen Stadt in der Sowjetunion 1929–1935*, hg. Harald Bodenschatz/Christiane Post, Berlin 2003, S. 32.

8 / Gustav Hilger, *Wir und der Kreml. Deutsch-sowjetische Beziehungen 1918–1941. Erinnerungen eines deutschen Diplomaten*, Frankfurt/Main 1955, S. 209.

9 / Margarete Schütte-Lihotzky, *Warum ich Architektin wurde*, Salzburg 2004, S. 206.

10 / Margarete Schütte-Lihotzky im Gespräch mit Günter Höhne, *Damals in der Sowjetunion*, in: *Form + Zweck*, Hefte 4 und 5/1987, hier Heft 4, S. 12 und 14.

11 / Burghard Preussler, *Walter Schwagenscheidt 1886–1968*, Stuttgart 1985, S. 96.

12 / Werner Möller, *Mart Stam 1899–1986. Architekt – Visionär – Gestalter*, Tübingen/Berlin 1997, S. 102 f.

13 / Archiv des Instituts für Geschichte und Theorie der Architektur (gta Archiv)/ETH Zürich, Nachlass Hans Schmidt 61-K-1930-10-23, 23. Oktober 1930.

14 / *Standardstädte. Ernst May in der Sowjetunion 1930–1933*, hg. Thomas Flierl, Berlin 2012, S. 209.

15 / Burghard Preussler, *Walter Schwagenscheidt*, S. 154, Weihnachten 1930.

16 / Deutsches Architekturmuseum (DAM), Nachlass Hannes Meyer, ..., 4. August 1930.

17 / Klaus-Jürgen Winkler, *Der Architekt Hannes Meyer*, Berlin 1989, S. 131, 23. August 1930.

18 / Christian Borngräber, *Ausländische Architekten in der UdSSR*, in: *Wem gehört die Welt. Kunst und Gesellschaft in der Weimarer Republik*, Berlin 1977, S. 117.
19 / Bauhaus Archiv Berlin, Nachlass Philipp Tolziner, II-23-1.
20 / Klaus-Jürgen Winkler, *Der Architekt Hannes Meyer*, S. 132, 29. November 1930.
21 / Konrad Püschel, *Wege eines Bauhäuslers. Erinnerungen und Ansichten*, Dessau 1996, S. 62.
22 / Ebd., S. 63.
23 / Regina Prinz/Ute Maasberg, *Die Neuen kommen! Weibliche Avantgarde in der Architektur der zwanziger Jahre*, Hamburg 2004, S. 68, 19. Januar 1931.
24 / Ebd.
25 / DAM, Nachlass Ernst May, 160-902-013/41, 24. Februar 1931.
26 / gta Archiv/ETH Zürich, Nachlass Hans Schmidt, 61-K-1931-01-10, 10. Februar 1931.
27 / gta Archiv/ETH Zürich, Nachlass Hans Schmidt, 61-K-1931-05-28, 28. Mai 1931.
28 / DAM, Nachlass Ernst May, 160-902-013/041, 6. Juni 1931.
29 / Kurt Liebknecht, *Mein bewegtes Leben*, Berlin 1986, S. 44.
30 / Ernst Derendinger, *Erzählungen aus dem Leben*, S. 409.
31 / Margarete Buber-Neumann, *Von Potsdam nach Moskau. Stationen eines Irrwegs*, Stuttgart 1957, S. 323.
32 / Christian Borngräber, *Ausländische Architekten in der UdSSR*, S. 121.
33 / Christian Borngräber, *Ausländische Architekten in der UdSSR*, S. 126.
34 / Ernst May, *Der Bau neuer Städte in der UdSSR*, in: *Das Neue Frankfurt*, 7/1931, S. 117.
35 / Burghard Preussler, *Walter Schwagenscheidt*, S. 104, 6. August 1932.
36 / Margarete Schütte-Lihotzky, *Damals in der Sowjetunion*, Heft 5, S. 13.
37 / Margarete Buber-Neumann, *Von Potsdam nach Moskau*, S. 325.
38 / gta Archiv/ETH Zürich, Nachlass Hans Schmidt, 61-K-1932-11-03, 3. November 1932.
39 / Fred Forbat, *Erinnerungen eines Architekten*, handschriftliches Manuskript von 1972, Kopie Bauhaus Archiv Berlin, S. 137.
40 / Ebd., S. 139.
41 / Ebd., S. 147.
42 / Ebd., S. 161.
43 / Buchbesprechung: *Schweizer Städtebauer bei den Sowjets*, in: *(Das) Werk*, Heft 10, 19/1932, S. XXXVI.
44 / Hans Schmidt, *Die Sowjetunion und das neue Bauen*, in: *Die neue Stadt*, 6–7/1932, S. 147.
45 / *Städtebau im Schatten Stalins*, S. 115.

46 / Ernst Derendinger, *Erzählungen aus dem Leben*, S. 421 f.

47 / Ebd., S. 423.

48 / Egon Erwin Kisch, *Mein Leben für die Zeitung 1926–1947*, Berlin/Weimar 1983, S. 313.

49 / El Lissitzky, *Proun und Wolkenbügel. Schriften, Briefe, Dokumente*, Dresden 1977, S. 139, 29. September 1932.

50 / Gerhard Kosel, *Unternehmen Wissenschaft. Die Wiederentdeckung einer Idee*, Berlin 1989, S. 25.

51 / *Bruno Taut. Moskauer Briefe 1932–1933. Schönheit, Sachlichkeit und Sozialismus*, hg. Barbara Kreis, Berlin 2006, S. 106, 24. März 1932.

52 / Ebd., S. 120, 2. Mai 1932.

53 / Ebd., S. 143, 20. Mai 1932.

54 / Ebd., S. 207, 4. Juli 1932.

55 / Ebd., S. 209, 12. Juli 1932.

56 / Ebd., S. 222, 30. Juli 1932.

57 / Ebd., S. 248, 19. September 1932.

58 / Ebd., S. 305, 4. Dezember 1932.

59 / Ebd., S. 333, 4. Januar 1933.

60 / Ebd., S. 342, 31. Januar 1933.

61 / *Bauwelt*, 7/1933, S. 172.

62 / Barbara Kreis, »Bruno Tauts Verhältnis zum Bauen in der Sowjetunion«; in: Barbara Volkmann (Bearb.), *Bruno Taut 1880–1938*, Berlin 1980, S. 116.

63 / Ernst Derendinger, *Erzählungen aus dem Leben*, S. 441.

64 / DAM, Nachlass Ernst May, 160-902-015, 26. März 1933.

65 / *Bauwelt*, 28/1986, S. 1071.

66 / Burghard Preussler, *Walter Schwagenscheidt*, S. 100.

67 / DAM, Nachlass Hannes Meyer, 82/1-803(1), 10. September 1934.

68 / Hannes Meyer, *Bauen und Gesellschaft*, S. 137, Juli 1933.

69 / Oskar Maria Graf, *Reise in die Sowjetunion 1934*, Hamburg/Zürich 1992, S. 105.

70 / Margarete Buber-Neumann, *Von Potsdam nach Moskau*, S. 324 f.

71 / Ernst Derendinger, *Erinnerungen aus dem Leben*, S. 517.

72 / Hannes Meyer, *Bauen und Gesellschaft*, S. 186.

73 / Walter Hämer, *Tagebücher der Rußlandjahre/Kunstgeschichtliches*, Berlin 2010, S. 95.

74 / Hans Blumenfeld, *… es sei denn, sie bauen eine humane Stadt*, S. 149.

75 / DAM, Nachlass Ernst May, 160-902-016, 18. Mai 1934.

76 / Ernst Derendinger, *Erinnerungen aus dem Leben*, S. 502.

77 / Ebd., S. 544.
78 / gta Archiv/ETH Zürich, Nachlass Hans Schmidt, 61-T-186.
79 / *(Das) Werk*, 1/1938, S. XXII.
80 / Konrad Püschel, *Wege eines Bauhäuslers*, S. 91.
81 / Ebd., S. 92.
82 / DAM, Nachlass Hannes Meyer, 82/1-859 (1), 1937.
83 / DAM, Nachlass Hannes Meyer, 82/1-859(2), 1937.
84 / DAM, Nachlass Hannes Meyer, 82/1-859(3), 1937.
85 / Klaus-Jürgen Winkler, *Der Architekt Hannes Meyer*, S. 182, 15. Juli 1937.
86 / DAM, Nachlass Hannes Meyer, 82/1-793(1), 29. Juli 1937.
87 / DAM, Nachlass Hannes Meyer, 82/1-785(1), 13. August 1937.
88 / Bauhaus-Archiv Berlin, Nachlass Philipp Tolziner, III.7-5(2).
89 / Hans Blumenfeld, *»... es sei denn, sie bauen eine humane Stadt.«*, S. 155.
90 / Bauhaus-Archiv Berlin, Nachlass Philipp Tolziner, II.23-2(2).
91 / Bauhaus-Archiv Berlin, Nachlass Philipp Tolziner, III.7-7(1).
92 / Bauhaus-Archiv Berlin, Nachlass Philipp Tolziner, III.7-7(2).
93 / Kurt Liebknecht, *Mein bewegtes Leben*, S. 78.
94 / Bauhaus-Archiv Berlin, Nachlass Philipp Tolziner, III.7-7(5).
95 / Reginald Isaacs, *Walter Gropius*, Berlin 1984, Bd. 2, S. 579.
96 / Hannes Meyer, *Bauen und Gesellschaft*, S. 289, 26. Oktober 1939.
97 / Ebd., S. 292, 12. März 1940.
98 / Ebd., S. 302, 8. September 1941.
99 / Fritz Pohle, *Das mexikanische Exil. Ein Beitrag zur Geschichte der politisch-kulturellen Emigration aus Deutschland*, Stuttgart 1986, S. 114.
100 / *Exil in Lateinamerika*, hg. Wolfgang Kießling, Leipzig 1980, S. 435.
101 / Susanne C. Dussel Peters, *Die Architektur Hannes Meyers und Max Cettos*, in: *Mexiko, das wohltemperierte Exil*, hg. Renata von Hanfstengel, Mexiko 1995, S. 246.
102 / Reginald Isaacs, *Walter Gropius*, S. 953, 5. August 1947.
103 / Hans Blumenfeld, *»... es sei denn, sie bauen eine humane Stadt«*, S. 188.
104 / Ebd., S. 189.
105 / Ebd., S. 156.
106 / Konrad Püschel, *Wege eines Bauhäuslers*, S. 101.
107 / Ebd., S. 108.
108 / Kurt Liebknecht, *Mein bewegtes Leben*, S. 116.
109 / DAM, Nachlass Hannes Meyer, 82/1-826(10), 16. Juni 1947.
110 / Ákos Moravánszky, *Region als Fluchtort*, in: *Die Architektur, die Tradition und der Ort*, hg. Vittorio Magnago-Lampugnani, Stuttgart/München 2000, S. 292.
111 / Bauhaus-Archiv, Nachlass Philipp Tolziner, III.25-6(1).

112 / Gerhard Mahnheu (Red.); *Reise nach Moskau. Dokumente zur Erklärung von Motiven, Entstehungsstrukturen und Umsetzungskonflikten für den ersten städtebaulichen Paradigmenwechsel in der DDR*, Berlin 1950, S. 112.

113 / DAM, Nachlass Hannes Meyer, 82/1-785(5), 21. Oktober 1951.

114 / DAM, Nachlass Hannes Meyer, 82/1-785(7), 1. November 1951.

115 / Ebd.

116 / Bauhaus-Archiv Berlin, Nachlass Philipp Tolziner, III.7-9(8).

117 / Bauhaus-Archiv Berlin, Nachlass Philipp Tolziner, III.7-9,(10).

118 / Bauhaus-Archiv Berlin, Nachlass Philipp Tolziner, III.7-11.

119 / *Ein deutsches Leben. Ein Bauhausarchitekt im GULag. Philipp Tolziner 1906–1996*, Regie: Hans-Dieter Rutsch, WDR 1997.

Bildnachweise

Frontispiz / ullstein bild: Platz der Revolution in Moskau, 1935, fotografiert von Hannes Meyer
S. 6, 42, 122 und 158 / Bauhaus-Archiv Berlin
S. 10 / bpk/Kunstbibliothek, SMB/Dietmar Katz
S. 18 / Das neue Frankfurt 9/1930
S. 28 und 65 / aus: Ernst May 1886–1970, Prestel
S: 30 / AIZ, Berlin
S. 48 und 102 / akg-images
S. 66 / ullstein bild
S. 80 / Bildarchiv der Stiftung Bauhaus Dessau. Der Verlag dankt Margot Rumler vom Bildarchiv der Stiftung Bauhaus Dessau für die Unterstützung.
S. 90 / Sammlung Konrad Büschel, Weimar
S. 131 / Archiv der Moderne, Weimar
S. 136 / Die Architektur, die Tradition und der Ort: Regionalismen in der europäischen Stadt, Vittorio Magnago Lampugnani (Hg.), Deutsche Verlags-Anstalt DVA

Ursula Muscheler,

promovierte und praktizierende Architektin, lebt in Düsseldorf. Zahlreiche Veröffentlichungen zur Architekturgeschichte, zuletzt »Möbel, Kunst und feine Nerven. Henry van de Velde und der Kultus der Schönheit 1895–1914« (2012) und »Gruppenbild mit Meister. Le Corbusier und seine Mitarbeiter« (2014), beide bei Berenberg.

Konzeption | Gestaltung: Antje Haack | www.lichten.com
Satz | Herstellung: Büro für Gedrucktes, Beate Mössner
Abbildungen: Einbandvorderseite von akg-images,
Einbandrückseite von Bauhaus-Archiv Berlin
Reproduktion: Frische Grafik, Hamburg
Druck und Bindung: CPI – Clausen & Bosse, Leck
Printed in Germany
ISBN 978-3-946334-10-1